내 사랑 쑥부쟁이

시와함께(Along with Poetry) 시인선 013

내 사랑 쑥부쟁이

문진환 시집

시와함께 도서출판 넓은마루

| 시인의 말 |

어릴 적 해질녘
하루의 들일을 마치고 소를 몰고 돌아오는
힘들지만 행복한 아버지의 얼굴은
살아오면서 내가 기억하고 있는
마음속의 가장 아름다운 그림이다
어느새 나이 더하여
내게 맡겨진 작은 일터를 떠나
어쩌다 자리 잡고 눌러앉은 먼 이곳
코로나19, 세기의 역병에 겁먹은 두 늙은이
가끔 팔공산자락 바람 쐬기 드라이브 외에
아직도 방향감각조차 정확하지 않은
아파트 창밖으로 내려다보이는
동화천 맑은 물가 버드나무풀숲
사람을 별로 겁내지 않는 고라니 가족이랑
가끔 찾아오는 긴 목을 쳐들고 두리번거리는
한가한 물새들이나 내려다보기도 하지만
우두커니 외롭고 초라한 늙은이가 되지 않으려
책상 앞으로 다가가 메모를 뒤적인다
어차피 문학적 가치는 젖혀두고

어설픈 시를 쓰느니

차라리 짧은 설교가 되면 더 좋지 뭐

어느 삭막한 지구 한 모퉁이

작은 나무 한 그루 심는 마음으로

시처럼 아름다운 세상을

기도하는 거룩한 바람 더하여

서툰 컴퓨터 자판을 두들기는 유일한 소일로

어느덧 또 한 권의 시집을 세상에 내어놓는다

시인이 되기보다

차라리 시가 되어야 하는데

제 일호 독자요 검열관인 아내랑 막내딸은

영 못마땅한 표정이다

또 그 소리, 시가 늙었단다

그러거나 말거나

사명이 없는 삶은 삶이 아니다

나의 사명은 끝나지 않았다

이 또한 내가 감당할 수 있는 유일한 사명이다

- 2022년 5월 감천 문 진 환

| 차례 |

시인의 말 - 4

제1부 그리움이 된 앙금

그리움이 된 앙금 - 12
내 사랑 쑥부쟁이 - 14
나도 떠날 줄 안다 - 16
뒷발질 - 18
망각의 행복 - 20
사랑의 아스피린 - 21
사랑의 아첨꾼 - 22
토닥여주는 소리 - 24
하얀 날밤 - 26

제2부 따뜻한 귀를 찾습니다

멀리 안 나갑니다 - 30
따뜻한 귀를 찾습니다 - 32
별 걱정이야 - 34
세상사람 다 그리 한데도 - 36
아름다운 성공 - 38
입이 보배다 - 40
추억도 희망이다 - 42

하얀 부리망을 쓰고 - 44
도리가 아니다 - 46
웃는 이유 - 49

제3부 쇠똥구리의 행복
착한 머저리 동네 - 52
쇠똥구리의 행복 - 54
두더지의 봄 - 56
자귀나무 꽃 - 58
사랑의 마중물 - 60
사슴의 울음소리 - 62
언덕 위 나무 - 64
새끼손가락 - 66

제4부 길 위의 길
품앗이 아닌 사랑 - 68
길 위의 길 - 70
엇갈린 사랑 - 72
아버지니깐요 - 74

요놈의 소갈머리 - 76

끈질긴 사랑 - 79

건망증을 잊으라 - 80

하늘에 길을 물어 - 82

철부지 고집쟁이 - 84

당신이 오시는 길목 - 86

오타였습니다 - 88

순전히 내 몫이거늘 - 90

사랑의 몽니 - 92

드라빔을 버리라 - 94

짐꾼 아닙니다 - 96

제5부 우야든동

멋진 하루 - 100

우야든동 - 102

고개 들어 하늘을 봐 - 104

사랑의 반올림 - 106

꼼지락 꼼지락 - 108

실패에 승리하라 - 110

야명조 - 113

행복한 이웃 - 114

제6부 나의 가을은 행복해야 한다

꿈속의 꿈 - 118

나의 가을은 행복해야 한다 - 120

더디어도 봄은 옵니다 - 122

더딘 아침 - 124

머뭇거리지 마라 - 127

삼류시인 - 130

십 년만 젊었어도 - 132

오기로 산다 - 134

이사 가는 날 - 136

아픈 기억의 자리 - 138

제7부 엄마인 줄

뽀시래기 당신 - 140

엄마인 줄 - 142

볼멘소리 - 144

봄 시샘 - 146

행복한 불면증 - 148

가끔 기죽는 이유 - 150

나이라도 - 152

젊은 날의 행복 - 156

제8부 그리운 호두산

살구나무 골목길 - 160

비가 올라나 - 162

오래된 기억 하나 - 167

감 홍시 임자 - 168

그리운 호두산 - 170

우리가 남이가 - 172

엄니를 기다리는 아이 - 174

엄니들 추억의 봄꽃놀이 - 176

고향 소리 - 178

행복한 소문 - 181

아버지의 자장가 - 183

빗물과 눈물 - 186

고향의 아침 - 188

작품해설

신학적 관조와 투명한 눈동자로 거머쥔 기독교적 세계관 구현

조신권 (시인, 문학평론가/연세대 명예교수) - 191

제1부

그리움이 된 앙금

그리움이 된 앙금

두고 봐라
행여 꿈속에서라도 너
이름 세 글자까지
깨끗이
다 지우고
다시는
생각이나 하나봐라

찔끔거리는 눈물로
혼자
다짐하던
사랑의 앙금

오뉴월 하늘 구름처럼 흘러간
젊은 날 내 기억 속에
애써 고개 저어
지웠던 얼굴

어느 날 문득
이리도
묘한 웃음
한 폭 그리움으로 남아

앙금이
만약 사랑이라면
갈수록 뚜렷해지는
그리운 얼굴 나 어쩌란 말이냐

내 사랑 쑥부쟁이

가난한 대장간 집
이글거리는 풀무
바람을 불어넣던 풀무꾼 딸이

쑥 뜯으러 나갔다가
발 헛디뎌
떨어져 죽은 자리에 피었다는

둘레길 지나는 길섶
슬픈 전설의 꽃
연분홍 내 사랑 쑥부쟁이

온 들판 산등성이마다
다투어 피던
아름다운 꽃들 다 어디 가고

겨울로 가는 길목
안간힘 안 서러워

아직은 오래 가을이고 싶은
텅 빈 가슴 날 찾아오셨나

가을 들판 하얀 달빛 아래
보랏빛 물들인
고마운 쑥부쟁이 들국화

어쩌자고 내가
서성거려
네 곁을 떠나지 못하는구나

나도 떠날 줄 안다

그래
이제 나도
잔인하도록 매정해야지

때로는 아니꼬운 맘
꾹꾹 눌러
쓴웃음 감추었던 날 얼마인데

죽는데도
뒤도 돌아보지 않고
달려가야지

눈물은 커녕
웃음 한 번 웃으며

아무리 불러봐라
어림없다

잔인하도록 매정하게
나도 떠날 줄 안다

뒷발질

길거리 떠돌며
갈 곳 없는 강아지

데려다
예쁜 집 짓고 맛있는 먹이로
품어주었더니
엎드려
두 손 비벼 감사해야지

먹고 싼 자리마다
망아지처럼
돌아서서
뒷발질하는 버르장머리

그게
너의
먹고 살아가는 방법인 줄 몰라도

난
네가
세상에
젤로 밉더라

망각의 행복

한때 사랑했지만
너의 얼굴이 떠오를 때마다
몸서리치며
가슴 아파해야 하는 불행한 기억보다

차라리
죽는 날까지
너를 잊고 살아갈 수 있다면
얼마나 다행한 망각이냐

다만
아름다운 망각을 위해
애써
절레절레
머리를 흔들지 않아도 좋은
나도
이미
새로운 행복에 취해 있기를 기도할 뿐이다

사랑의 아스피린

죽어 있는 듯 살아
답답한 가슴
숨이 차 헐떡거리고

가슴을 쥐어뜯으며
칼로 베이듯 아파하는
끈적하게 엉킨 혈관

맑은 물 흐르는
산골짜기
솔바람 불어오는 듯

고장 난 심장을
다시금
뜨겁게 가슴 뛰게 한 당신은
내 사랑의 아스피린이랍니다

사랑의 아첨꾼

누구한테도 어림없는
알량한 자존심
얻다 모두 팽개치고

돌아서면 배고픈
시장기 같은 그리움도
배불린 갓난아이같이
그림자만 보고도 가슴 설레어

당신이 좋으면 다 좋고
당신이 싫으면 다 싫고
이제껏
누구에게도 해보지 못한 몸짓

어디서 한 번도
불러보지 못한 이름으로
당신이 부르시면
다 팽개치고 달려가는

이제 보니
내가 나를 어쩌지 못하는
속없는 행복한
아첨꾼이 되었습니다

토닥여주는 소리

둘러보아도
내미는 손
보이지 않고

아무리 해도
더 이상
어찌할 수 없는 내게

가만히 다가와
금시
울음보
터질 것 같은 아이 달래듯

살포시
처진 어깨 추스르며
힘들지 하고

지친 마음 달래어
토닥여주는
따뜻한 소리가

세상에
가장 고맙더라

그때
나는
세상을 다시 얻었다

하얀 날밤

그대 떠난 날이 언제던가
버릇처럼 자꾸
손가락을 꼽아 봐도

하루 이틀 사흘
정작 헤다말고
그리움이 금시 웃음 되는데

그대 향한 사랑
병이 되었나
약속한 이레 여드레 아흐레
갈수록 깊은 잠 들지 못하고

바깥 작은 인기척에
놀라 자주 잠깨는 새 병 하나 더하고
잠귀만 밝아져

열하루 열이틀 열사흘

꼬박꼬박

오늘도

하얀 날 밤을 새웁니다

제2부

따뜻한 귀를 찾습니다

멀리 안 나갑니다

꼭 만나야 할 일도 없으면서
못 보면 보고 싶어서
가끔
약속도 없이 찾아오는
촌수 없는 누이의 반가운 인사

언제나
아이고로 시작되는 반가운 인사
두서없는 이야기
시간 가는 줄 모르고

벌써 몇 번째
엉덩이 들고 일어나려다 주저앉고
다시 길어지는 이야기
그냥 가면 서운해 안 된다며
못내 아쉬워

서둘러
밥 짓던 부지깽이
땅바닥에 썩썩 문지르며
멀리 안 나가요

사립문 밖 이만치
걸음은 멈추지 않고 따라오며
멀리 안 나가요

그러면서 어느새
마을 어귀까지 따라와
다시 또
이젠 정말 멀리 안 나가요

따뜻한 귀를 찾습니다

누구 내 말 좀 들어주오
답답해서
조용히 가슴 열고
이야기라도 좀 했으면 좋겠는데

아무도
귀 기울여 들어줄 사람 없어
길을 가면서도
실성한 사람 마냥 중얼거리는 버릇

사람들은 남의 이야기 들으면
금시 동네방네 소문을 내고
선생님이 되어 가르치려하고

먼 산이나 바라보며
딴전 펴는 사람들

차라리 저기
산모롱이
귀먹은 바위에게로 가랴
바람 부는 대나무 숲으로 가랴

종일이라도
고개 끄덕여 들어줄
따뜻한 귀를 찾습니다

별 걱정이야

비오는 날이면 어때
올 테면 오라지
우산 쓰고 만나면 되는 거지

둘이서 우산 쓰고 걸으면
더 조용히
더 정다운 거지
별 걱정이야 정말 별 걱정이야

바람이 불면 어때
불테면 불라지

우산도 버리고
둘이서
그냥 젖으며 걸으면 더 좋은 거지

더 가까이
더 정다운 거지

별 걱정이야 정말 별 걱정이야

하늘이 우리를
더 나직이
더 가까이
사랑하라 하시는데 누가 뭐래

비도 내리고 바람도 부는데
별 걱정이야 정말 별 걱정이야

세상사람 다 그리 한데도

그 사람
입 없어 말 못 하는 줄 아느냐
하고 싶은 말 태산 같아도

그나마
꼴 난 자존심 다치지 않으려
이러거나 저러거나
아무것도 모르는 체
입 다물고 멍하니 선 저 사람

세상이 변하고
아무리 세상사람 다 그리 한데도
은혜를 모르거든
도리는 알아야지

설령 세상사람 아무도 모르고
하늘조차 속아
눈 감고 있다 해도

아무것도 모르는 체 까맣게 타는 속

입 다물고 멍하니 선 저 사람
아무리 세상사람 다 그리 한데도
천연덕스럽게
허리에 두 손 얹고
너야말로 차마
더이상 그리하면 안 되는 것을

아름다운 성공

그렇게 힘든 길을
낙심하지 않고
예까지 오다니 장하시네요

애써
얼마나 이루었나 보다

많은 것을 얻고
잊혀진 사람보다

힘든 길
아무것도
이룬 것 없어도

무심한 세상
그냥
지나치지 않은 작은 손
오래오래

나를 잊지 못하는 사람이 있다면

온세상이 다
나를 잊는다 해도

내 인생은
실패가 아닌
모퉁이 돌 같은
아름다운 성공이지요

입이 보배다

어디든
무얼 하든
입만 가지고 사는 사람 있다

참아야 하는 곳엔
먼저 나서서 일 저지르고

말해야 하는 곳에
비겁하지만

그 입이 무서워
아무도 아무 말 못 한다

얄밉다는데
입으로 들어가는 일엔
언제나 일등이다

손가락 하나 까딱 않고
입만 가지고
혼자서 다 하는 것 같으면서

끝난 후엔
혼자 다 한 것 같다
입만 가지고 산다, 입이 보배다

추억도 희망이다

세상 꼴 보기 싫다더니
찡그려
뭘 그리 뚫어져라 보시나요

눈앞 보이는 만치만 보면서
답답해도 들리는 만치만
참고 그냥 사시구려
듣는 대로 다 감당도 못하면서

허리춤 뒷짐지고
자고나면 뒤뚱거리며
또 어딜 가시려오

가까운 것은 너무 멀리 있고
먼 것은 너무 가까이 있어

내밀면 닿을 듯 먼
마음 같지 않은

휘젓는 헛손질에 마음 상하지 말고

사느라 함께하지 못했던
사랑하는 사람이랑
깊어진 주름 애잔한 마음

지금은 추억이 된
그 시절 사랑이야기
우리에겐 추억도 희망이다

하얀 부리망을 쓰고

나만 있고 우리가 없는
잔인한 망각의 거리를

입에 발린
가증스런 사랑
아귀다툼을 보다 못해

하늘이
제발
그 더러운 아가리 좀 닫고

이 땅에
살아 숨 쉬는 이유를 깨달아
아름다운 세상
사랑하며 살라는데

온 천지 거리에 나서면
방구석에 갇혀 지내다 나온

겁먹은 사람들이

무슨 유행처럼
하얀 부리망을 쓰고

마주오던
너와 나 사랑의 간격을
저만치 몸을 사리고
힐끗거리며 비켜 가는데
밭 갈던 소가
들판 무성한 풀에 홀려
비뚤비뚤
밭고랑 망치지 말라고

농부가
소 주둥이에 부리망을 씌우고
이랴이랴 몰아간다

도리가 아니다

백여 년 만의 처음이라는
그 지긋지긋한 폭염
떠나기 싫어 뭉그적거리더니
못다 한 마지막 심술

이제서야
달구어진 지구 어루만져
불어오는 산들바람에
별걸 다 가지고 수줍은 듯 취했나

길가 흔들리는 코스모스
유난히 반가운 올가을엔

맨날
손쉬운 핸드폰 들고
안부만 묻지 말고

옛 어른들
한마당에 팔촌 난다더니
요새 사람들
일가로 치지도 않는다는 먼 촌수
무정한 세상

세월 흘러 세상만 바꿨나
기후도 온통
어떻게 돌아가는지 모르겠다

주고받는 건 없이 살아도
이러다
어디서 마주쳐도 그냥 지나치겠다

세월만 잊은 것 아니다
도리가 아니다
어찌 지내는지 한번 찾아봬야지

그래 올 가을엔
지독스런 세월 고생도 마다 않고
우리들 위해 감사하며 사신
주름진 얼굴 가리며
우리 손잡고 고향가자

웃는 이유

왜 웃느냐 묻는데
아니요 라며 웃고

웃으니 좋으면서
혹시
내가
싫어
내가 나를 살피다 또 웃는다

웃는 사람 앞에
화를 낼 수 없어
민망한 웃음 한 번 더 웃고

웃으니 좋으면서
슬며시
화를 내는 내가 더 묘하다

먼저 웃은 그 사람보다
따라 웃는 내가 더 궁금하다

제3부

쇠똥구리의 행복

착한 머저리 동네

주제 넘은 사랑으로
바쁜 세상
남의 몫이나 챙기다

정작
자기 몫은 놓치고
핀잔이나 받으면서

팽글팽글
잔머리 돌려
나만 좋으면 되는 세상

내 얼굴이
화끈거리는 꼬락서니
오금 저려오는 하얀 불안

나서지도 못하면서
배겨내지도 못하는

요놈의 소갈머리

착한 머저리들 모여 사는
어디 그런 동네 없나요

쇠똥구리의 행복

거들먹거리는
오만한 세상
못마땅한 일 하 많으니

흉내라도 내려면
가랑이 찢어지지

아무리 달려도
따라잡지 못하는
귀여운 분노

아름드리 버드나무
싱그러운 매미소리랑
아예 귀 틀어막고

겁먹고 움츠려 있느니
꿈같은 환상
뙤약볕 파란 하늘 아래

물구나무 뒷걸음질
몸뚱이보다 큰 사랑의 빵
지구를 밀고 가는

새들은 춤추고 노래하고
거꾸로 보니 더 아름다운 세상
나는 행복한 쇠똥구리

두더지의 봄

아름다운 바깥세상
머리 한번 쳐들면
잎 피고 꽃 피는
따뜻한 봄이 오는데

천하일미 지렁이 숨소리
두 귀 쫑긋 세우고
해 뜨고
해 지는 줄도 모르고

어두운 땅굴 속
오소리 무서워 숨어 사느냐

땅속 굼벵이 날개 달고
나무 위
노래하러 날아간
매미 소식도 모르고

하늘에 달님
빤짝이는 작은 별님도
알고 보면
우리들 사랑하는 친구인데

어두운 땅굴 속
족제비 겁이 나
아직도 엎드려 숨어 사느냐

자귀나무 꽃

산기슭
끝내 숨기지 못한
독한 마음
연보라 빛 순정

안방 여인네
분 솔 같은
차마
부끄러운 고운 꽃술

에라
파란 잎 덮어
활짝 피우려는데

여름 장마는
왜 또
심술을 부려

딱한
자귀나무 꽃 앞에
걸음을 멈추었다

사랑의 마중물

삼동 겨우내
꽁꽁
얼어붙은 펌프에

난로 위에 데운
따듯한
물 한 주전자 부으면

꿀럭꿀럭
깊은 땅속
맑은 물 콸콸 솟구쳐 오르듯

깊은 산골
바깥세상 모르고 살아온
산골소녀를 찾아온

우편배달부의
편지요

반가운 사랑의 소리 같은

난
영원한
사랑의 배달부

따뜻한
마중물이고 싶네

사슴의 울음소리

어쩌다
기름진 음식으로
배 불린 날

행여 가난한 이웃
마음 상할라
트림소리 애써 삼키며

남의 집 문간에
작은 사랑 하나

살며시
두고 도망쳐 왔다는
갸륵한 너의 이야기는

먹이를 찾아
헤매던 사슴
힘들게 먹이를 찾아놓고

살기 위해
혼자만 먼저
배를 채우지 않고
힘들게 먹이를 찾아놓고

아직도
굶주려 있을 무리를 부른다는
아름다운
사슴의 울음소리 같은

너는
세상의
또 하나
아름다운 사슴의 울음소리

언덕 위 나무

언덕 위에 외로이 선
등 굽은 나무
우습게 보지마라

험한 날들
비바람 막아주는 누구도 없이
순전히
몸으로 견디어 왔나니

바람은
흔들며
눈물이라도 씻겨주고 가더라

낮에는
새들이 놀다 가고
밤이면
별들이랑 달님이 찾아오니

멀찍이
바라볼 수 있는
한 그루 친구만 있어도
고통은 외로움이 아니더라

눈 흘겨 보지마라
등 굽어 서 있어도
살아있는 것이 아름다움이지

새끼손가락

다섯 손가락 맨 끝
젤로 작고 약한
나는 새끼손가락

어차피
세상분복이 다 다른 것을
아무리 힘들고 어려워도
움츠려 뒷걸음 말고

작으면 작은 대로
뒤에서 소리 없이
주어진 작은 몫으로 사는 새끼손가락

제4부

길 위의 길

품앗이 아닌 사랑

말로야
밑지고 판다지만
본전에
밑지고 파는 장사 어디 있으랴

아무리
인심 좋은 장사꾼도
한줌 덤도
두 번 달라하면 화를 내지만

되돌려 받아야 할
우수리보다 더 넘치도록
언제나
덤에 덤을 더 얹어주는 밑지는 장사

세상에 품앗이 아닌 것은
주어도 주어도
더 주고 싶은 사랑

모든 것의 모든 것 되신
품앗이 아닌
값없이 주시는 크신 사랑
우리 님밖에 없더라

길 위의 길

기가 막혀
이러지도 저러지도 못하고
이제껏 아귀다툼으로 달려오던
부끄러운 길에서

불러보아도 돌아보아도
주저앉아 한 걸음도 나아갈 수 없어
가도 가도
풀 한 포기 나무 한 그루 보이지 않는
끝없는 사막, 길 잃은 캐러밴같이

지친 영혼 나도 모르게
무릎 꿇고 목청 돋우어
민망한 걸음
조용히 가슴에 손 모으고
하늘에 길을 물으면

바쁜 세상 귀찮은 듯
한 번도 귀담아 듣지 않고
애써 외면하고 살아온
어디선가
낯설지 않은 부드러운 음성

막히면 돌아가지 말고
길이요 진리요 생명 되신
길 위의 길을 찾으라

엇갈린 사랑

송두리째
가던 길 바꾸어 놓은
당신의 사랑
꿈길인 듯 행복했더니

나도 모르는 사이
잡은 손
놓은 줄도 모르고

사랑의 굴레 벗어나
어느새
한두 번도 아닌

내가 나를 말리지 못한
엇갈린 사랑
곁길 가다
돌아온 흔적에 놀라서

당신의 길목
저만치
앞질러
숨어 막아서서

울며 매달리고 싶으면서
차마 그리하지 못하고
서성거리는
낯가림 심한 아이 되어
한 번만
딱 한 번만 더
모른 체 안아주시면 안 되나요

아버지니깐요

아이야
네 나이가 몇인데
이까짓 일을
어쩌지 못하고
내게 가져왔단 말이야

철없는 어린애도 아니면서
언제까지 도와주세요
아버지 힘들어요
아직도 일일이 손을 내미느냐

아버지를 두고 뉘에게 갈까요
기쁜 일도
슬픈 일도 어려운 일도
아버지는 그래도 좋아하시잖아요

아무리 그렇다 해도 그렇지
어쩌자고 염치없이

다급한 목소리
아버지 속을 이리도 태우느냐

아무리 작은 어려움도
나이가 몇이든
아버지 얼굴이
먼저 떠오르니깐요

요놈의 소갈머리

어쩌다
가만히
누워 돌이켜보면
내가 지금 이렇게
누리는 것이 다 뉘 때문인데
이리도
은혜를 모르고 건방을 떨다
조금만 힘들면
삐쳐
금시 곁길로 가다
아무도 내미는 손 없고
더 이상
견딜 수 없으니
이제 겨우
철든 아이마냥 손을 들고
속 그만 썩이고
제발 잘 해보자고
열두 번도

더 다짐을 하지만

짤래짤래

시작도 못해보고 금시

엉덩이 달싹거리는 오두방정에

혼쭐나 급하면

어린아이처럼

눈물을 흘리며

염치없이 또 손 내밀어

아버지를 불러대는

요놈의 소갈머리

아버지는

오히려 민망해서

아무것도 못 본 체

아무것도 모르시는 체

다 아시면서

암말 않으시고

돌아오길 기다리시는데

우리 아버지

어지간히
속 다 썩고
참고 기다리시는데
정말
어지간히 참고 기다리시는데

끈질긴 사랑

기약 없는 숱한 날
날 사랑했단 당신
끈질긴 그 사랑

차마 부끄러워
겸연쩍은 얼굴 어쩌지도 못하고
뭉그적거리기만 하는데

정말
내가 죄인인 걸 모르시고
날 사랑하시는가

사람들이
눈이 삐었단다
정말
눈이 삐었어라

건망증을 잊으라

빙글빙글
공중 높이 먹이를 노릴 때에는
세상에서 젤로
매서운 뱀 잡이 수리가

땅으로 내려와
먹이를 잡아먹다가
더 무서운 맹수가 쫓아오면

당황한 나머지
하늘을 날 수 있다는
쉬운 방법 어느새 까맣게 다 잊고

뒤뚱뒤뚱
겁먹은 두발로
불쌍하게 뛰어서 도망간다

결국
맹수에 잡혀 먹힌다는
어리석은
뱀 수리의 건망증같이

믿음으로 기도할 수 있는
영혼의 날개
자녀의 특권 어디 두고
사랑을 잊고 걸어간 너의 시간은 죄

다급하면 뒤뚱뒤뚱 도망가는
뱀 수리를 닮은
부끄러운
영혼의 건망증을 잊으라

하늘에 길을 물어

기가 막혀
이러지도 저러지도 못하고
그냥
주저앉아

불러보아도 돌아보아도
연약한 내 손 잡아
이 마음 달래줄
사랑의 목소리 들리지 않으면

가도 가도
풀 한 포기
나무 한 그루 보이지 않는 사막
길 잃은 캐러밴같이

어느새
나도 모르게
긴 한숨 쉬다말고

길 잃은 영혼
무릎 꿇고
간절한 마음 목청 돋우어

눈물로 길을 물어
하늘에 길을 물어
두 손을 모읍니다

철부지 고집쟁이

이리 온, 아버지가 도와줄게
그러실 때마다
나도 이제 나이가 몇인데
어린아이 취급하는 아버지께

괜찮아요, 나도 할 수 있어요
간섭받지 않고 맘대로 하고 싶어
고집 부리며
애써 손을 밀치는 아이

한두 번도 아닌 실패
언제쯤 철들라는가
그만하면
고개 들어 하늘 한 번 쳐다봐야지

걱정 말라며 비척거리는 걸음
애만 태우는 꼴 안타까워

알게 모르게 혼도 내보지만
숫제 귀먹은 고집쟁이

그런데도 아버지는
속 썩이는 아이 곁을
애 태우며
차마 떠나지 않고 지켜 계신다

당신이 오시는 길목

집 나간 아이
해 지는 줄 모르고
아이들이랑 놀다가

기다리다 찾아 나선
아버지 꿀밤 한 대에

아픈 머리 감싸고
집으로 돌아온 날 같이

실망의 늪에 빠져
어찌 할 줄 몰라
발 동동 구르며

이것이 마지막이라
다 팽개치고 싶은 그때에도
힘들겠지만

너무 실망하지 마라
고난이라는 이름의 길목은
나를 깜짝 놀라게 해주려

시치미 뚝 떼시고
뒤춤에 귀한 선물 감추어
모름지기 다가오실
아버지 꿀밤 같은 사랑이더라

오타였습니다

선부른 사랑고백
생각만 해도
떨리는 마음

머릿속 떠오르는 대로
열 손가락
바쁜 손놀림 두들겨 가노라면

나도 모르게
연신 오타가 나서
되돌아와
썼다 지우고 지웠다간 다시 쓰고

잘못 누른 손가락 끝
받침 하나 틀리고 점 하나 놓쳐도
읽는 당신에겐
엄청난 오해가 되는 것을

조심스레 물음표 하나 달지 않고
또 거기 마침표는
쉼표여야 하는 것을

두고두고
후회를 하는 오타투성이
그럼에도 받아주시는
당신의 사랑은 순전히 은혜입니다

순전히 내 몫이거늘

자투리 시간에
어쩌다 겨우
허드렛일들이나 거드는 주제

무슨 횡재를 만난 것처럼
호들갑을 떤다고
삐쭉거리는 줄 내 모르는 바 아니다

까짓 내버려 두어라
내 언제
세상사람들 눈치나 보며
칭찬이나 듣고자 함이 아니니라

아무도 돌아보지 않는
날 찾아오셔서
부르시고 이리도 귀히 쓰시고
또한 얼마나 사랑하시는지

내 님 앞엔
허드렛일도 하찮은 일도 없느니
내 삶을 통해 그 영광을 드러냄이
순전히 내 몫이거늘

우리는
그 일을 위해
부르심을 받았느니라

사랑의 몽니

아무리 둘러보아도
혼자
애가 타서

허기진 사랑앓이
멈추지 못하고
앙금으로 남은 웃자란 꿈

염치없는 손
할 말 없어
당치 않은 생떼

당신 앞에 엎드린
성난 기도
버르장머리 없는 몽니

돌아서지 못하는 주제 넘는 눈물
사랑 고픈 영혼

하늘만 바라는데

딱한 사정 다 아시면서
쩔레쩔레
주제 넘는 눈물
또 내치시려고요

한 번쯤 눈여겨 보셔야지요
한 번쯤 귀 기울여 품어주셔야지요

드라빔을 버리라

아무도 몰래
안장 밑에
드라빔을 숨겨
아비를 속이던 라헬처럼

넌
아직도
또 다른
무언가를 숨겨
믿음을 대신하려 하는구나

재물이냐?
명예냐?
권세냐?
사랑이냐?
너의 믿음이 어디 있느냐?

어찌하여
그것으로
믿음을 대신하려 하느냐

아무도 몰래
감추어 깔고 앉은
믿음을 떠난 또 다른 믿음
또 다른 우상 드라빔을 버리라

짐꾼 아닙니다

아무리 갈길 멀고
무거운 짐
힘들어 지쳐 있어도 그렇지

길 잃은 영혼 불쌍해서
다가와 내미는 손
귀찮은 듯 외면하고

가는 곳마다
환호하는 무리들
홀린 듯
빠져드는 만담꾼 구경하듯

가끔 생각나면
짬 내어
코빼기 한 번 비치고
할 일 없이 기웃거리며
생색이나 내다 금시 또 사라지고

저 멀리 교회당 꼭대기
십자가만 눈에 띄면
양심에 찔려
움츠려 고개 떨어트리는 모습
얼마나 다행한 일인지

해 지는 들판 배고픈 아우성에
보리떡 생선 구워
목구멍 허기나 면해주던
마음씨 착한 청년이야기

은 삼십 량에 스승을 팔아
십자가 못 박은
남의 나라
옛 전설쯤으로 아시는지

시골 장마당
짐을 대신 져주는

서푼 날품팔이 짐꾼 아닌

나를 짓누르는
수고와 무거운 죄의 짐
차마 두고 볼 수 없어

크신 사랑
순종의 멍에
십자가를 대신 지고 가는
하나님의 어린 양이랍니다

제5부

우야든동

멋진 하루

갑자기 쏟아진 여름 소낙비
흠뻑 젖어
남의 집 처마 밑에 웅크리고 서서

하루일기도 내다보지 못하면서
날씨 탓이나 한다더냐

비 맞은 초라한 모습
부끄러울 것도 더 이상 바쁠 것도 없다며
가던 길 다 접고
오늘 못 간 길
내일은 조금 서둘러 가면 되는 것을

얼굴 쳐들고 하늘 향하여
뭐라 소리 한 번 지르고
바람 부는 세상
살다보면 천둥번개도 치는 것을

어차피 젖은 하루
오늘도 내가 세상을 이기었노라
얼굴에 환한 웃음 머금고

시원스레 비를 맞으며
걸어가는 너의 모습을 그려 보렴
얼마나 낭만적인 사람이냐
얼마나 멋진 하루였느냐

우야든동

아이야
세상 우습게 보지 마라
쉬운 세상은 없는 거야

그렇지만 겁먹을 건 없어
단디 맘 챙겨먹고
한 번 살아보는 거야

아무리 모진 세상이라지만
살다 보면 그래도 살아지더라

분별없이 서두르지 말고
그렇다고
너무 조신하단 아무것도 못해

먼 길 가면서
더러는 넘어질 때도 있을 테지
그러면서 세상을 하나 더 배우는 거야

아무리 힘들고 어려워도
용기 잃지 말거라
널 위해 기도하는 어미가 있잖아

너는 어미의 기둥이지만
네 기둥은 너란다

우야든동
끼니 거르지 말고
기도하는 일도 거르지 말거라
아이야 알겠지

고개 들어 하늘을 봐

왜 그래
무슨 사연 있는 거니
하늘로 가지를 뻗어야지

어깨를 늘어뜨리고
어쩌자고
땅만 내려다보는 거야

고개 들어 하늘을 봐
하늘엔
사랑하는 달님이 있잖아

힘들 땐 나도
밤새
별들이랑 이야기 하는데

숨겨 말 못하고
부끄러워

고개 들지 못하고

밤에도 빨간 노을 닮은 순정
기죽은 듯 민망한
거꾸로 자라는 공작단풍나무야

고개 들어 하늘을 봐
하늘에 너의 답이 있는 것 같아

사랑의 반올림

목소리를 낮추어
눈 맞추어
사랑으로 속삭여요

복잡하고 어려운 문제
깐깐하게 따지지 말고
사랑의 반올림으로 쉽게 풀어요

쉬운 문제를
어렵게 풀고 있네요
모자라면
사랑으로 더하고

넘치면
조금 억울해도
억지로라도
감사를 뇌는 사랑의 반올림은

지금은
내게 어찌 이런 일이
나도 모르게 원망이 따라오겠지만

신이 너의 몫으로 남긴
어려운 정답
알고 보면
하늘이 네게 주신 분복

꼼지락 꼼지락

꼼지락 꼼지락
아기가 밖으로 나가고 싶어
발가락으로
꼼지락 꼼지락 엄마를 조르다

오물오물
배가 고픈지 말은 못하고
오물오물 짭짭
작은 입을 오물거리고

삐죽삐죽
금시 울음보가 터질 듯
눈 코 입 찡그려 삐죽거리다

엄마가 놀라 달려와
가렸던 얼굴
짱
하고 손을 떼고

까꿍까꿍
두 번만 얼레면
아기는 금시
까르르
엄마랑 모두
환하게 웃음이 터집니다

실패에 승리하라

힘들었던 고통의 순간들
차마
내려놓을 수 없는
타고난 분복이야 어쩌랴만

숨찬 언덕 위에 올라
까마득한
굽은 길 뒤 돌아보며

지켜보는 사람들 눈에
아직도 나는
아름다운 희망일 수 있는 것을

가슴 찢어지게 두 팔 벌려
기지개 한 번 켜고
민망한 웃음이라도 괜찮아
소중한 꿈
잃어버리지 않으려

약속 있는 길손은
고개 숙여
땅을 내려다보지 않는다며

갈림길 만나면
어느새 손 모으고 하늘에 길을 물어
눈물 대신
감사를 뇌는 것은 얼마나 다행한 일이랴
욕심으로 향하는 부끄러운 성공보다
더디어도 바른길 따라
실패에 승리하라
끝장난 일을 어쩌란 말인지

하늘 음성에 귀 기울여
다시 일어나 마음 다잡아

지름길 두고
애써

힘들고 먼 길
돌아가는 당신은
자랑스러운 작은 영웅입니다

야명조

따뜻한 낮이면
빈둥대며
내일은 꼭 집을 지으리라
스스로 다짐하고

밤이 되면
춥다는 핑계로
꼼짝 않고 다시 내일로

봄이 오면 어느새 가을로
게으름에 핑계로
밤에만 운다는
전설의 야명조

아이야
작은 시간조차
자꾸만
잠깐이라는 핑계로
행여 도둑질 하지 말거라

행복한 이웃

아이야
그토록 오랜 꿈
내 집 마련해 새 아파트 이사 간다니
얼마나 좋으냐

집 없는 서러움 고생도 많았구나.
우리도 축하한다 행복하거라

옛사람들은
뒷간이랑 사돈집은 멀어야 한다더라만

하늘 높은 새 아파트
아래위
이쪽저쪽
열린 듯 닫힌 입 묵례만 나누지 말고

한 뼘 콘크리트 철옹성벽 쌓고
층간소음

사람 사는 게 다 그렇지
행복한 사람들은 조금은 시끄럽단다

아침저녁
엘리베이터 거북한 이웃 사돈
안녕하세요
반갑습니다
좋은 이웃 감사하며

힘들고 어려울 땐
나누고 베풀고
서로 돕고 섬기는 마음으로

사촌보다 가까운
함께 행복한 살기 좋은 이웃
스스로 만들어 살라마

제6부

나의 가을은 행복해야 한다

꿈속의 꿈

버틸 힘도 없으면서
잇속 없이
가끔
잊혀지지 않고 찾는 사람들이

순전히
그냥 따뜻하다는 말이 좋아
고집으로 망한
마지막 남은 목화이불 장사같이

세종임금님께서
백성들을 위해
집현전에 묻혀
함께 만들었을 나라 말씀

우리말
노랫 말이나 지으면서
산으로 바다로 강으로 노닐면서

그냥 그리 살란다

새들이랑
고래랑
작은 물고기 떼들의 노래에 취한
철없는 늙은 소년의 노래

그러다보면
누가 아나
새들이랑 고래랑
작은 물고기를 닮은 사람들이

어느새
하나둘 모여드는
황당무계한 이야기가
꿈속의 꿈이
내게로 달려올라는지

나의 가을은 행복해야 한다

영근 열매로
곳간 가득 채우고
흥청거리자는 욕심이 아닙니다

자갈밭 핑계하며
쭉정이
타작마당에 서있는
초라한 내가 보고 싶지 않아

잎 피고 꽃피는 봄날
씨앗자루 베고 누워

그 지독한
보릿고개 견디어 온 농부는

슬픈 봄날의
기억을 감사하며

천둥 치고
비바람 부는 날에도
들판을 떠나지 않고

거친 손을 모으는
거룩한 분노
나의 가을은 반드시 행복해야 한다

더디어도 봄은 옵니다

체질 탓도 있겠지요
사지육신 오장육부 이목구비
고장 나고
아프지 않은 곳이 없는 늙은이

산다는 것이
목구멍 풀칠
호랑이보다 더 무서운 외로움

덕분에 잘 지낸다고
보고 싶다고
언제 한 번 만나자고

자고나면 사방
손 내밀고
찾는 사람도 많더니

사랑도 가고
미움도 가고
세월도 가는 것을

살아 있음에
다들 궁금한 안부

계절 탓도 있겠지요
더디어도
내게도 봄은 올 것입니다

더딘 아침

섣달그믐 밤
닭 울기 전
지독히 긴 설날아침
졸면 눈썹이 하얗게 쉰다는 전설에
겁먹은 어린 시절

성냥개비로
아래위
두 눈꺼풀 떠 벌려 고이고

넓적다리 서로 꼬집어
하얗게 밤을 새우며
닭 우는 소릴 기다리던 아이들 같이

남의 꿈 얕잡아
힐끔거린 눈빛에
마음 상했던 어린 자존감

가끔이라도
잊지 않고 찾는 오래된 단골손님들
순전히 그냥
따뜻하다는 말이 좋아

잇속도 버틸 힘도 없으면서
차라리 고집으로 망한
마지막 남은
목화솜이불 장수같이

철없는 늙은 소년
꿈은 부피가 아니라 컬러다
허기진 꿈
아망 떼 같은 기도로 버텨

구겨진 꿈을 찾으려는 안간힘
떠오르는 아침 해를 닮은
작은 꿈이나 그리며 살라는데

빛일랑 그리지도 못한
삐뚤삐뚤
서툰 나의 그림 한 폭 더딘 아침

머뭇거리지 마라

너무 우습게만 보지 마라
고개 떨 구어 사는 것보다
다가올 그날을 꿈꾸며
좀 거들먹거리며 사노라면

어쩌면 지금 이 순간이
먼 훗날
이제껏 너무 엄청나
감히 엄두도 못한 꿈속의 꿈이면 어때

사람들이 날 보고
모자라는 사람이라고들 하겠지
그러라고들 하지 대수냐

막연히
기다리며 허우적대느니
세상이 깜짝 놀랄 그날을 떠올리며
혼자 신이 나서

씽긋 한 번 웃어주면

지나는 사람들까지
덩달아 아무것도 모르면서
괜히 신이 나는 거야

언제나
신푸녕스럽다는 눈으로
흘겨만 보던 사람들에게

콤플렉스가 되어버린
고질병 같은 상처
아픈 것이 치료다
감추어 사는 상처가 더 아프더라

차라리 사랑하며 살았더니
오히려 촉매제 되고
살찌게 하는 자랑도 되는 것을

머뭇거리지 마라
오늘 나의 이 위대한 선택은
먼 훗날
한 번도 꿈꾸어보지 못한
위대한 신화가 될지 누가 아느냐

삼류시인

낯가림 심한 성미
이사 온 지 얼만데
아직도 이웃 하나 사귀지 못하고

살갑지 못한 뚱한 인사
얼마나 흉들을 볼까

그나마
이만치 세상 살아내는 것도 용하지
못난 자위를 하다

어린 시절
처음 학교 가던 입학식에서
이유 없이 하 울어대다

선생님께 쫓겨나
다음해 입학한
오죽 못난 고향동네 소문 난 이야기

학교 들어가 처음 배운

서툰 글씨 방바닥에 배 깔고 엎드려

연필에 침 묻혀

겨우 말 이어가는 아이처럼

바깥에 어울려 지껄이지 못한

가슴에 묻어둘 수 없어

흥얼거리는 남모르는 그 이야기

뭐라 자꾸 지껄여댄

서툰 노래

나는 이름 없는 삼류시인입니다

십 년만 젊었어도

가진 것은 없어도
내겐 아직
천릿길 험산준령 두렵잖은
젊음이 있으니까

십년 전
그때도 그리했을
큰소리치던 날들 엊그제 같은데

잃어버린 날들에 대한 회환
너무 잦은 입버릇
십년만 젊었어도

돌이킬 수 없는
지나간 날
못다 이룬 아쉬운 꿈

힘들고 느리지만
다가오는 날은
이제도
시작이 될 수 있는 것을

오늘도
입버릇처럼
십년만 젊었어도

오기로 산다

너라면 기죽어 살겠니
견딜 수 없는 상처
감추어 웃음 머금고

속이 썩어 문드러지는
고통스러운 삶
가슴 먹먹한 신음소리

더 이상 억울하면 안 된다
넘어지지 않으려
죽기 살기
내 속에
나도 어쩌지 못하는 잔인한 인내

천연덕스레
죽어도 못 고친다는
배냇병 같은 고집 누가 당해

어긋난 돼지발톱이라니
남의 이야기라고
농담으로도 웃어넘기지 마라

약한 자를 강하게 하시는
그 사랑만 믿고
나
거룩한 오기로 산다

이사 가는 날

오래 살아온 집
아껴
소중하게 쓰던 살림살이

이삿짐 싸면서
이렇게
구차한 줄 몰랐습니다

소중한 보물인 양
버리지 못하고
보듬고 사느라
무너져 내릴 것 같았던 무게

진작 버렸어야 할
낡고
별 쓸모없는 아픈 가슴

소중한 줄 알았던
구차한 찌끼
더러운 것들이
이리도 많은 줄 몰랐습니다

새로 마련한 것보다
더 축하받을 일은
버리고 가는 것이었습니다

아픈 기억의 자리

오랫동안
입원해있던
병실을 나서면서

우리 다음에 만나요
하다말고 깜짝 놀라

우리 다시
이곳에선 만나지 말아요
맹세해놓고

나도 모르게
잊지 못하고
다시 찾는 아픈 기억의 자리

우리 다시
만나지 말아야 할
부끄러운 기억의 자리

제7부

엄마인 줄

뽀시래기 당신

기다리게 해놓고
왜 안 오시나
얼굴이라도 한 번 봐야 나도 살지

잠시도 쉴 틈 없는
총총걸음 궁금해서
기도하게 해놓고

가까이 없으면
괜히 불안한
모자란 내게
뽀시래기 같은 사랑

언제냔 듯 천연스레
읽던 책장 사이
손가락 끼어들고
저만치 시침 떼고 오는 소리

목마른 영혼에 내리는 꽃비같이
뽀시래기 같아도
여간 아닌 당찬 사랑

너와 나의 하얀 가슴에 숨긴
함께 손잡고 가면
오롯이 행복할 수 있다고

뭉그적거리던 연정
얄미운 눈빛
아는 길도 선뜻
내딛지 못하는 소심한 내가
홧김에 감히 용기 내어 이룬 사랑

태어나 젤로 잘한 일
팔뚝에 꽂아놓은
링거 줄 같은 그 사람
뽀시래기 사랑 당신입니다

엄마인 줄

젊은 시절에는
아이들 챙기느라
언제나
먹는 둥 마는 둥
한술 떠다말고 일어서더니

둘이만 남은지금
이러지 말래도
작은 식탁 위에
어쩌다
좀 별난 찬이라도 오른 날에는

아내의 젓가락이
연신
입으로 들어가려는
내 밥숟가락 위에 찬을 올려놓는다

아내는
자기가 엄마인 줄 아는 모양이다

어느새 나도 이젠
밥숟가락 받쳐 들고
반찬 챙겨 얹어주길 기다린다
나도 우리 엄마인 줄 아는 모양이다

볼멘소리

하늘의 별이라도 따다주마 더니
해묵은 약속 어쩔 거냐
아내의 볼멘소리에 할 말을 잃고

별을 헤는 것조차 잊고 살다
돌아서서 고개를 들지 못한 채
또 가슴이 젖는데

험한 오르막길
엉덩이 한번 붙여 보지 못하고
너무 힘들게 걸어왔다

언제쯤
먹구름 걷어내는 바람 불어올라나
못난 서방
미안한 마음으로 구시렁대면

한 번 해본 말이지
꽃길 아니면 어때요
마주 보고 사는 게 행복이지
볼멘소리도 사랑인 것을

봄 시샘

언 땅 녹아
골짜기 물 흐르는 소리
봄볕에 핏기가 돌면
겨우내 걸친 겉옷 벗어던지고

엉덩이 붙이고
잠시도 가만히 있질 못하는 봄 병
발이 자꾸만 밖으로 나서는 걸
누가 말려

며칠 아니면 금시
천지가 온통
꽃밭이 될 터인데

얼어붙은 마음 기다리다 못해
시샘이 나서
잎도 피기 전에
하얀 꽃을 먼저 피고

풀 섶 양지
노란 복수초 향기에 졸고 있는
길고양이 한 마리

저녁 밥상에
향긋한
냉잇국이 올라왔다

행복한 불면증

어린 시절
눈 내린 언덕 내리막길을
브레이크 없는 눈썰매를 타고

신이 나서
목청껏 소리치며 사정없이 내닫는
시린 얼굴 볼이 빨개진 아이처럼

어쩌자고 내가 이리 하는가
내가 나를 어쩌지 못 하고
사정없이 빨려 들어갑니다.

단 한 번도 경험하지 못한 꿈에 취해
뽀시락
문밖 작은 소리에도 놀라
귀 기울여 잠 못 들고 잠귀만 밝아져

언제나 옆에 계신 듯
보고 듣고 생각나는 대로
감추어둔 비밀한 이야기까지
일일이
홀린 듯 쫑알대는
새 버릇까지 더하면

기다리는 즐거움
행복한 불면증으로
누가 보거나 말거나
연신 웃음을 참지 못하는 나는
영락없이 미친 사람입니다

사랑하는 임이여
헤어날 수 없는 미친 사랑을
그 무한한 에너지
온전한 사랑의
블랙홀로 이제 나를 품어주오

가끔 기죽는 이유

하늘빛 가린
다랑이 밭
골 깊은 이랑같이

웃다 웃다
너무 많이 웃어 생긴
꽃주름도 아닌

반거충이 임자 잘못 만난
여인네
눈가
골 깊은 주름은

그러니까
미안한 줄이나
알고 살라는

아내의
눈 흘김 같은
주름살이 눈에 들어오면
나도 모르게
어느새 기가 죽는다

나이라도

우습게 보지 마오
이래 봬도
태어날 땐 나도 축복이었답디다

산다는 것이 다 그렇다 해도
어디 맘대로 살아져야지

서럽게
아랫사람 앞에서
먹고사느라
할 말 다 못하고
허리 굽혀 살아오면서도

아무렇지 않은 듯
씩씩하게 견뎌낸 대견함은
박수를 쳐줘야지요

후회스러운 일 한두 가지겠소
돌아갈 수 있다면 좋으련만
괜찮소
산다는 것이 다 그런 거지

그렇다고
두 번 살 순 없으니
그러려니 해야지요

가고픈 곳 다니며
먹고픈 것 즐기며
하고픈 것 다 하고 사는 사람 있답디까

그때마다
말없이 고생해온 아내랑
어린 자식들 먼저 생각나
미안한 마음

돌아서는 버릇 누가 알겠소
내라서 꿈이 왜 없겠소
그렇지만 세상은 내편이 아니었소

무엇 하나 이룬 것 없이
언덕 위 키 작은 나무처럼
횡하니 여기 서 있어도
너무 그런 눈으로 지나지 마오

부끄러움 모른 채
염치없이
아무렇게나 살지 않으려
애쓴 흔적 하늘은 아시지요

자랑이야 될 수 없는 나이
이제라도
삶의 흔적 나잇값
오죽했으면

나이라도 존경을 받아야 할 텐데
주어진 시간 얼마려나
자꾸 나이만 더해 가네요

젊은 날의 행복

한 번 두 번 세 번
문간방 아랫방 건넛방
아이들 많다고 쫓겨 다닌
피난보따리 옮겨 다닌 이삿짐

더듬어 애써 헤아리다 핀잔 받는
살아보니 살아지던 서러운 행복

기대어 손이라도 벌릴라
일가친척 멀어지고
가까운 사람 다가오면
행여 마음 다칠라 스스로 먼저 돌아섰던

젊은 날의 짠한 기억
진작 좀 주셨더라면
아이들 그 고생은 시키지 않았을 것을
어느새 젖어오는 아내의 눈가

하늘도 우리에겐
그렇게 인색하시던지
원망 같은 넋두리로 감사를 대신하고

늘그막 이제야
긴 소파에 묻힌 주름 깊은 두 늙은이
어깨에 손 한 번 얹어주고.
이제껏 못 들어본 철든 아이 같은 소리

처음인 듯 마주보고 서서
눈물 훔쳐주는
민망스런 그림으로

길 건너 산허리 어둡고 답답한 터널
들고나는 바쁜 자동차 행렬
그래 우리가 저렇게
저 긴 터널을 들고나듯 힘들게 살았더니

아침저녁
산자락 산책길 행복한 얼굴들
동남 창 하루 내 환한 로얄9층
지는 해 노을빛 바라보며

아직은
더 젊게 오래 기운차려 살라는
이리도 알뜰한 하늘의 배려까지
감탄사를 더하는 공간의 행복

둘이 마주하고 누울 수 있다면
그때는 몰랐던
그래도
행복은
공간의 넓이가 아니라 사랑이었더라

제8부

그리운 호두산

살구나무 골목길

이웃집
배부른 젊은 아낙
입안에 고인 침 삼키며

염치없이
끝내
두리번거리며
서툰 돌팔매질 하면

지나던 아이들
흥이 나서
함께 돌팔매질 하다

담 너머
땡초 영감님 고함소리에
까까머리 아이들
숨찬 소리

그리운
고향 동네 작은 골목길

비가 올라나

노달기에
뒷동네 노름쟁이 홀아비 각시
괜히 도망갔을까

여차하면
한 끗 차이
디근에 점찍을 수도 있다며

밭떼기 하나
물려받지 못한 주제에
하늘 멀쩡한 날
찌뿌둥한 날씨 핑계 삼아

방구석에 나뒹구는 가난
나라도 구하지 못한다는
농담 같은 우리 아버지 좌우명

여우 같은 마누라

늦장가 토끼 같은 새끼들 생각에
아이들 잠 깰라
꼭두새벽 살며시 몸 일으켜

마당 한가운데 서서
고개 들어
비가 올라나
하늘에 먼저 날씨를 물으시고

비오는 날은
씨앗 고르고
곳간을 수리하고

새끼 꼬아
스러렁 퉁탕 스러렁 퉁탕
엄니랑 가마니틀 앞에
봄을 준비하듯
부지런히 소 몰아 새벽을 깨우시며

독하게 마음먹고
작년에 처음 마련한
배다리 두 말 닷 되지기 밭
일구어 심고 가꾸는 새 재미에

손수 만든 싸리 바소쿠리
거름 내다 뿌리고

해질녘
허기진 긴 그림자 밟으며
나무새 찬거리라도 뽑아
한 짐 지고 돌아오시면

마루 끝에 서서
칼국수 밀가루반죽 밀던
엄니 서둘러 바빠지고

여섯 식구 둘러앉은 둥근 상

애호박 썰어 넣은
콩가루 칼국수 구수한 맛

연신 이마에 땀을 닦아드리며
아버지 대신 행복한
고운 손 쌍꺼풀 눈매 우리 엄니

부지런하고 착하고 말이 없고
동네 이웃사람들에겐
온갖 좋은 소리 다 들으시면서
무섭기만 해
한 번도
마주앉아 보지 못한 아버지

다시 돌아갈 수 없는
무명수건 같은
짠한 그 시절 그리움

비가 오실라나
파란 하늘 하얀 구름 되어
메마른 내 영혼 그리운 아버지

오래된 기억 하나

삼동 겨울이 아무리 춥다 해도
소한 대한 다 지나면
얼어 죽을 내 아들놈 없다면서

오다 말고
도망가는 봄을 보셨던가요

계절의 처마 끝에
넋 나간 듯
마루기둥 붙들고 선 엄니 눈가
지독스레 시린 눈물
고드름으로 매달린 3월

진작 잊어버렸어야 할
그러나
잊혀지지 않는
고향에 두고 온
그 어느 해 오래된 기억 하나

감 홍시 임자

암만 그래 봐도
감 홍시 임자는 따로 있다
아무도 손대지 마라

며칠 있으면
가을방학
할머니댁 오는 노마

저만치
잠그나 마나
사립문 안으로 달려오면서

할머니
큰 소리로 부르면

두 팔 활짝 벌린
할머니 품에
할머니 사랑해요 한 번이면

감 홍시는
다 우리 손자 몫이다
아무도 손대지 마라

담벼락 옆 우물가에
할아버지 젊은 시절 심으셨다는
주먹만 한
달빛 닮은 홍시

하나만 따 먹어도
배가 터지겠는데

할머니 집에만 오면
허리에 두 손 얹고 뻐기는 노마

홍시는 다 내꺼야
아무도 손대지 마

그리운 호두산

천지에 산이 쌔고 쌨는데
맨 날 가보고 싶다는 곳이

발바닥 간지러운
하늘구름이 흐르는 맑은 물

멱 감던
발가숭이 친구들 그리운
감천시내를 건너면

진달래꽃보다 더 붉은
내 어린 날 꿈이 자라던
동네 뒤 나지막한 산

산새들이 부르든가
달음박질
숨찬 줄 모르고 올라

허기진 해거름
함께 뛰놀던
아이들 파란 입술

봄비 내리던 날
마루기둥 붙들고 서서
손 내저으시던 엄니

고향 동네 뒤
그리움 되어 나를 부르는
맨 날 가고 싶은 호두산

우리가 남이가

성님 장에 왔소
읍내 오일장

여기저기
형님 아우 삼촌 이모 아주머니 아저씨

길거리에선 까마득히 후배인데
직장에서 만나면
구십 도 허리 굽혀 굽실거리는 상사님

막걸리라도 한잔 기울이는 자리에선
옛날엔 한솥밥 먹고 살았다던
사촌 육촌 외가 처가 사돈에 팔촌까지

옛날에
정승집안 아닌 조상 어디 있나
앉으면 아이들도 다 아는 조상자랑

친구 선후배 고향사람도
언짢으면 밀쳐내는 고무줄 촌수

아쉬우면
좁은 땅 사방천지 가까운 일가친척
우리가 남이가

엄니를 기다리는 아이

서둘러 보리밥 한술
뚝딱 퍼 넣고
완행열차 기적소리 울리면

옛 고을 내 고향
호두산 아래
감천 내
물 건너 경부선 대신역

희미한 호롱불빛 따라
조심스레
섶다리 건너오는 사람들

낼 모래가 설인데
하나 둘
눈이 빠지게 지켜봐도

엄니는 오늘도 오시지 않고
갑자기 무서워진 아이는
어두워지는
아름드리
미루나무 곁에

저녁마다
엄니를 기다리는 아이가
집으로 돌아가지 않고
오늘도 떨며 서있다

엄니들 추억의 봄꽃놀이

모내기 시작되면
뒷간 갈 새도 없이 바쁘다고
오늘 하루
미리 실컷 몸 풀어 놀라며

동네 어른들이 모여
젊은 아낙들
선심 써주신 고마운 날

해 뜨기 전
서둘러 창포물에 머리를 감고
치마저고리
하얀 고무신 닦아 말려 신고 나서면
나들이 준비 끝

옛날 임금님 수라상에 진상했다는
봄내음 향긋한
파란 미나리 삶아 무치고

아랫목에
이불 뒤집어씌워 담근
밀주항아리 감추어 이고

고향 동네 앞을 흐르는
감천 시냇가
아름드리 늙은 버드나무 아래

세상 얌전 튼 아낙들의
살짝 흐트러진 몸짓
못 본 체
눈 돌려 웃음 감추어 지나가시던

지금은 추억이 된
우리네 어릴 적
힘든 아낙들의 봄꽃놀이

고향 소리

숙제는 언제 하려고
노느라 재미 들린 골목 안 동네아이들
개짖는 소리 함께 달리고

닭장 안 놀란 닭들
홰치는 소리에
닭장에 오소리 들어왔나

초저녁 선잠깬 식이네 아버지
이제야 늦은 저녁 마실 나서는데

시어머니 며느리 마주앉아
다듬이 방망이 장단 맞추어
밤 깊어가는 소리

맑은 물속에 빠진 달
고운 모래밭
피라미 붕어 송사리 천지 삐까리

개구쟁이 아이들
발가벗고 멱 감던
동네 앞 감천 시내 건너

하루에 서너 번
요란한 기적소리 석탄연기 뿜으며
완행열차 쉬어가는 간이역

서울 가면 편지한다더니
소식도 없는 자야 가시나
지금은 어디서 사는지

머리통에
쇠똥도 벗겨지지 않은 녀석들
뭘 안다고
언덕 위 서툰 휘파람소리

저녁설거지 하는 둥 마는 둥

기웃거리며
누구 나올 줄 알았다

고향을 생각하면
언제나 먼저 떠오르는
하루도 빠지지 않고 울려 퍼지는

내 기억 속에 가장 아름다운
세상을 깨우는
교회당 새벽 종소리에

우리 집 마루 밑
큰 대문 집 송아지만한 세파트 베루
아침잠을 깬
온 동네 개짖는 소리와 함께

방울방울 아침 이슬
메뚜기들의 만찬
마을 앞 벌판 해 뜨는 소리

행복한 소문

서방님 코앞에서
혀를 날름거리다
금시 또 입을 삐죽 내밀고

몰래 뒤 꼭지에 감자 하나 먹이고
다시 돌아와
볼에다 진한 뽀뽀로 놀려 먹는
예쁜 새색시 장난스러운 애교에

여태껏 어디 숨어있다
이제 사 나타났느냐
좋아서 어제도 했던 그 소리
오늘 또 하고

느지막이 장가가더니
하루하루
멋쟁이 되어 가는데

눈 시려 못 봐주겠네
칭찬인지 시샘인지
놀려대는 젊은 이웃 아주머니들

그래도 좋아서 싱글벙글
오늘도 새색시랑 손잡고
또 어딜 가는지
장가간 윗동네 노총각 행복한 소문

아버지의 자장가

나이 더하시던 언젠가부터
지난번에도 또 지난번에도 하신
옛날 우리들 어릴 때는… 으로 시작되는

처음도 같고 끝도 같은
엉덩이 들썩이며 얼른 도망가고 싶었던
아버지의 지루한 자장가는

쉽게 이루어
감사할 줄 모르고 살다
행여 어려움 앞에
쉽게 무너질라 염려되어

부지런하기만 하면 뭣해
착하게만 살아
가난을 면치 못한 아버지께서

이제와 돌아보니

입에 좋은 것 만 가려먹던 어린 날
엄니자장가소리에 잠들고
사랑의 이야기 그리워하며 꿈을 키웠더니

많이 배우지 못했지만
가장 사랑하는 내게 들려주고 싶으셨던
귀에 박히도록
전설이 되었던 이야기

어렵고 힘들게 살아온 날들 기억하며
힘들어 주저앉고 싶을 때에도
엇나가지 말고 바르게 살라는

그 누구도 가르쳐주지 않은 삶의 교훈
소리 없이 다가와 일으켜 세우는
부드러운 손길이었던 것을

아버지

오늘은. 어린 날
옛날 우리들 어릴 때는… 으로 시작되는
처음도 같고 끝도 같은 잔소리 같은
아버지의 그 지루한 자장가가 듣고 싶습니다

빗물과 눈물

오뉴월
쨍쨍 마른하늘에
금시
검은 구름 몰려오면

길섶에
일 나갔던 개미떼들이
줄지어 돌아오는데

들일 가셨든
종종걸음 엄니 아버지
마당 멍석에 널어 말리든 붉은 고추랑
바지랑 장대 올려 바친 빨래줄
서둘러 설거지를 마치고

빗물 받아두었다 빨래하면
뜰 안 두레박 샘물보다
하얗게 때가 더 잘 지워진다고

커다란 함지박
있는 대로
초가지붕 처마 끝을 받히면서

빗물이 샘물보다 빨래가 더 깨끗하고
눈물보다 더 귀한 가르침은 없는 거여
이제야 알 것 같은
촌부 울 엄니 혼잣말

고향의 아침

꼭두새벽 곤한 선잠 깨어
밤새 불린 콩
맷돌에 곱게 갈아
체에 거르고 가마솥에 불 지펴

긴 나무주걱
아이 어른 덜 깬 잠 꾸벅거리며
교대로 저어 만든 두부

그제야 초가집 굴뚝
하얀 연기 피어오르는데
무거운 두부 함지박 머리에 이고
짖던 개들이 꼬리를 흔드는

사립문 골목마다
두부 사이소. 두부
밭에서 나는 고기
따끈따끈한 두부가 왔어요

식구가 많으면
비지 한줌 덤으로 더 주고
억척스럽다 소문난 친구네 엄니

이웃 삼동네 한 바퀴 돌아오면
목도 아프고 어깨가 무너져도
서둘러 아침상 차려 먹이고
아이들 학교 보내시던

땅마지기 문서 한 장 없으면서
다섯 남매 훌륭히 키워내신
전설 같은 소문난 장한 어머니

그 집 몇째 아들인가
서울 가서 출세했다지 아마

무거운 두부 함지박
왕골 똬리 머리에 받혀 이고

두부 사이소. 두부
밭에서 나는 고기
따끈따끈한 두부가 왔어요

하얀 아카시아 꽃향기 진한
아침을 깨우던
그리운 고향의 소리

문진환 목사 시인 여섯 번째 시집 평설

|

신학적 관조와 투명한 눈동자로 거머쥔 기독교적 세계관 구현

조신권 (시인, 문학평론가, 연세대 명예교수)

　서정시 하면 변해서는 안 되는 항성恒性이 있는데, 그것은 반드시 시인은 철학인이거나 종교인이어야 한다는 걸 전제로 해서는 안 된다는 것이다. 물론 시인은 철학인일 수도 있고 종교인일 수도 있다. 그렇지만 시인이면서 동시에 철학자여야만 한다거나 종교인이어야만 한다는 것을 철칙으로 삼는 것은 잘못된 것이다. 우리는 오랫동안 왜곡된 사고에 사로잡혀서, 시는 철학자나 종교인 같은 특정된 사람만이 쓸 수 있을 뿐, 누구나 쓸 수 있다고는 생각하질 못했고, 시 하면 어려운 것이라고만 인식하여 왔다. 그래서 시는 일반 대중으로부터 소외되게 되었다. 더욱 현대시는 난해할수록 잘 된 시고 쉬우면 천박한 것으로 여기는 잘못된 인식과 통념에 젖어내려 왔다. 그래서 현대인들이 시를 멀리 하게 되고, 어렵고 재미도 없다고 생각하기 때문에 산문을 더 친근하게 접근하게 되는 것이다. 그러나 난해한 시가 바로 좋은 시는 아니다. 쉬우면서도 생각할 거리를 많이 제공해주고 우리의 마음을 흔들어놓을 수 있는 감동을 주는 시가 좋은 시라 할 수 있다.

 문진환 시인도 모더니즘 아니 포스트모더니즘시대를 사는 현대시인이지만, 다른 모더니스트들과는 달리, 그의 시를 읽어보면 아주 쉽지만, 많은 생각을 하게 하고 돌이켜 보게 하는 시선을 제공해준다. 그는 심원한 철학이나 종교보다는 일상의 양식, 논리의 무리한 왜곡보다는 담담한 순리, 이상감정이나 기이성보다는 소박한 일상적 정서 등을 순박하게 표현하고, 그런 표현을 통해 일상과 자연을 뛰어넘는 초월적 상상력을 드러내 보여주고 있다. 그런 의미에서 문진환 시인은 목사이면서도 시대적인 편향이라 할 수 있는 경로의존(path dependency)에 기울지 아니하고, 시인이 걸어야 하는 정도를 걸어온 성숙된 시인이다. 이것이 문진환 시인의 시적 가치요 시적인 특징이라 할 수 있다.

 현재 우리가 살고 있는 시대를 여러 가지로 정의해서 말하지만 정신사적으로 볼 때 흔히 쓰는 용어가 있는데, 그것이 서상한 바와 같이 포스트모더니즘이라는 개념어이다. 포스트모더니즘을 한마디로 정의하기는 어렵지만, 개괄적으로 말하자면, 그것은 구조보다는 탈구조를, 통합보다는 해체를, 이성보다는 반이성을, 신성보다는 인성을,

절대성보다는 상대성과 상황을, 합리성보다는 불합리성을, 중심주의보다는 주변성을, 고귀성보다는 대중성을, 확정성보다는 불확정성을, 전체적 진리보다는 파편적(부분적)인 진리를, 전통보다는 전통파괴를, 기존의 가치보다는 가치체계를 부수는 것을 더 선호하는 성향으로 흘러가고 있다. 그러나 문진환 시인은 밀려오는 이런 현대 사조의 물결을 타지 않고 전적으로 통합적이고 전체적이며 유기적인 세계관을 추구하고 있다는 것이 또 하나의 그의 시적인 특징이라 할 수 있다.

문진환 시인은 김천 출신으로 『한맥문학』을 통해 등단해, 한국문인협회, 한국아동문학회, 한국기독교문인협회, 한국기독시인협회 회원으로 활동하며 왕성한 창작활동을 하고 있는 원로작가다. 그의 시집으로는 『바다로 가지 못한 어부』, 『행복한 발자국』, 『하늘 맑은 날 우산을 받쳐 들고』(2013), 『네가 지구의 중심이야』(2015), 『영혼의 잔칫날을 위하여』(2017), 『내 사랑 쑥부쟁이』(2022) 등 6권이 있고, 한국기독시인협회 문학상을 수상하였으며, 그동안 기독교한국침례회 목산문학회 회장 등을 역임하기도 하였다. 이번 상재하는 『내 사랑 쑥부쟁이』는 8부 총 81편으로 구성되어 있다. 한국기독시인협회 문학상 수상 소감을 말하는 자리에서 문진환 시인 자신이 말한 대로 그의 시는 풍요가 넘실대는 바다를 그리워하는 이야기가 아니라 세상에 누리고 싶은 것 많지만 나름대로의 좀 더 가치 있는 일을 위해 스스로 어려운 길을 웃으며 걸어가는, 스스로 낮은 데서

일하기를 원하는 수많은 이름 없는 사람들의 행복한 이야기를 노래한 것이라 할 수 있다. 81편의 시를 일일이 다룰 수가 없으므로 여러 편의 시를 한 데 묶을 수 있는 세 카테고리로 정해서 그 대표적인 시들을 사례로 분석 해설하며 그의 시세계를 천착해 보겠다.

일상을 초월로 연결하는 신학적인 관조 돋보여

통찰이니 성찰 또는 관조라는 말이 자주 사용되는 것은 흔히 들을 수 있지만, '신학적인 관조'와 '성찰'이라는 말은 별로 들어보지 못했을 것이다. 흔히 듣던 '관조'라는 말에 '신학적인'이라는 형용사를 더 첨가되니까 희미하던 형이상학적인 세계가 보이는 듯하고, 일상과 자연을 영원과 초월로 연결하는 연결고리를 찾을 수 있게 된다. 문진환 목사 시인의 여섯 번째 시집 『내 사랑 쑥부쟁이』의 평설을 써 달라는 부탁과 함께 보내 온 시집 원고를 읽어보는 순간 나의 뇌리에 잠재해 있던 '신학적인 관조'라는 말이 불현듯 상기되어 시집 평설의 한 카테고리로 설정하게 된다.

우리가 흔히 생각하는 것처럼 '관조'란 일상적인 사고나 통찰에서 암시받는 그런 수동적인 행위가 아니다. 그렇다고 단순히 시선을 사물에 내맡기거나 내버려 버리는 태도 아니다. 국어사전을 보면 관조는 주관을 떠나 고요한 마음으로 사물을 관찰하는 것이라 기록돼 있다. 사전적 의미로는 통찰, 관찰과 어느 정도 그 뜻이 일맥상통한 다고 볼 수 있지만, 관찰하고 나서 가만히 지켜봄에 그치지 않는 사색하고는 엄연히 다르다. 미학에서는 미(美)를 직접적으로 인식하는 일을 일컫는 말이고, 불교에서는 지혜로 모든 사물의 참모습과 나아가 영원히 변하지 않는 진리를 비추어 보는 것을 뜻한다. 그것은 직감만으로, 막연한 응시나 관찰만으로, 아니면 이성적인 분석과 판단만으로 이루어지지도 않는다. 영혼이 활성화되는 지평과 그 시야가 깊어져야 하고, 그 정신과 연찬의 폭과 넓이가 확대되어야 하며, 무엇보다 체험의 동선이 사물과 늘 잇대어져 있어야 하고, 늘 신선하고 싱싱하게 만나야만 한다. '신학적 관조'란 이런 점에서 관념적으로 하나님의 신성한 흔적과 초월을 주워 섬기거나 노닥거리는 것이 아니라, 일상과 자연 속에서 신성의 심오한 의미와 흔적을 밝고 따스하게 직관하는 것을 말한다. 이에 유의하면서 문진환 목사 시인의 시세계를 세찰해 보겠다. 먼저 「엇갈린 사랑」이라는 시를 보자.

송두리째
가던 길 바꾸어놓은
당신의 사랑
꿈길인 듯 행복했더니

나도 모르는 사이
잡은 손

놓은 줄도 모르고

사랑의 굴레 벗어나
어느새
한두 번도 아닌

내가 나를 말리지 못한
엇갈린 사랑
곁길 가다
돌아온 흔적에 놀라서

당신의 길목
저만치
앞질러
숨어 막아서서

울며 매달리고 싶으면서
차마 그리하지 못하고
서성거리는
낯가림 심한 아이 되어
한 번만
딱 한 번만 더
모른 체 안아주시면 안 되나요
— 「엇갈린 사랑」 전문

  이 시는 6연으로 이루어진 시로서 화자 자신의 목회적인 소명과 자기도 모르는 사이에 저지르는 그 소명에 엇갈리는 행사와 그 죄책감을 토로하며 용서해줄 것을 간구하는 시다. 제1연은 시 자체만 보아서는 확실히 알 수가 없지만, 화자 자신이 가던 길이 따로 있었는데, 어느 날 갑자기 자기가 가던 길을 송두리째 바꾸어 목회자의 길을 가게 하신 하나님의 사랑과 그 행복, 그리고 화자 자기도 모르게 그 잡은 손을 놓고 사랑의 굴레를 벗어나 엇갈린 사랑의 길을 걸어오던 허물과 잘못을 한 번 더 모르는 체 포용해주기를 바라는 염원을 형상화하고 있다. 제1연에서 가장 중요한 진술은 세상길을 가던 화자를 하나님께서 강권적으로 선택해서 목회의 길을 가게 하신 것은 전적으로 그가 불러서 명하신 것이라는 소명의식에 대한 천명이라 할 수 있다. 세속적인 작가들이 갖는 소명은 오랜 성찰과 고민, 그리고 삶의 정황에서부터 비롯되는 것이지만, 문진환 목사 시인의 소명은 전적으로 하나님께로부터 온 것이다. 이런 소명이 중요한 것은, 그것이 그리스도의 교회와 교인들을 이끌고 섬기는 토대가 되는 동시에, 시인에게는 자기의 시적인 재능이나 능력이 자신에게서 나는 것이 아니라 하나님의 영감에서 기인되는 것이므로, 그 거룩한 재능을 가지고 일반 시를 쓰기보다는 오직 유일하시고 전능하신 여호와 하나님께만 영광을 돌려드리는 찬미시와 성시를 쓸 것을 천명한 것이기 때문이다. 그것이 하나님의 크신 은총 곧 사랑이므로 행복하다고 한다. 시인 목사가 아니라 목사 시인이라는 의식이 무엇보다 시 창작에 있어서 중요한데, 그런 소명을 분명히 밝혔다는 점에서 매우 의미심장하다. 이런 고백과 천명은 예사로 넘길 수 있는 사건을 '신학적인 관조'를 통해 하나님께서 행하시는 사랑과 행복으로 거머쥐고 그것을 형상화한 것이므로 아주 소중하다.

　제2~4연에서는 시인 자신을 불러서 목회를 하게 하신 소명을 큰 사랑으로 받아들이는 동시에 행복한 것으로 인식하였으나, 어느 새 자기도 모르는 사이에 한두 번이 아닌 여러 번 의뢰하고 따라가던 하나님의 사랑의 손을 놓았으며, 그 사랑의 굴레를 벗어났었다고 자백한다. 여기서 시인 자신이 알지도 못하는 사이에 하는 엇갈린 사랑의 행위를 단순히 인성적인 차원에서 보질 않고 그 행위 속에서 인간의 원죄(original sin)를 본다는 점에서 실로 놀라운 신학적인 관조라 아니 할 수가 없다. 원죄란 쉽게 말해서 인간이 넘어질 수 있는 가능성, 누구나 죄를 지을 수 있을 만큼 연약하다는 것이다. 인간의 연약성, 곧 타락의 가능성을 원죄라고 한다. 칼뱅은 인간의 적인 부패와 타락을 얘기한다. 누구나 기회가 주어지면 넘어질 수밖에 없다. 제4연에서는 그런 엇갈린 사랑의 곁길로 나갈 줄은 화자 자신도 몰랐으며 그렇게 곁길을 가다가 돌아온 흔적이 놀랍다고 한다. 제4연 끝에 이르면 화자의 톤이 바뀐다.

　제5~6연에서 화자는 하나님께서 섭리하시는 길목에 저만치 앞질러 가 몸을 숨기고 막아서서 울며 잘못했으니 다시는 그러지 않을 터이니 제발 용서해달라고 매달리고 싶지만, 차마 염치없어서 그리하지 못하고 낯가림 심한 아이처럼 서성거리며, 한 번만 딱 한 번만 더 모른 체 안아주시면 안 되겠느냐는 설의로써 끝을 맺는다. 설의는 강한 긍

정이니까 이렇게 울며 회개하고 떼를 쓰고 매달리면 분명히 용서하고 안아주는 사랑을 다시 베풀어주시리라는 것이다. 창조와 죄와 구원이라는 기독교적인 세계관을 신학적인 관조를 통하여 구현하고 있다. 이 시의 메시지는 일종의 조직신학에서 다루는 죄와 구원의 교리를 형상화한 것이다. 세계관이 없으면 바른 삶을 살 수가 없고 가치를 추구할 수도 없다. 질서가 무너지는 것도 세계관의 결여 때문이다. 「길 위의 길」이라는 시를 또 보자.

> 기가 막혀/이러지도 저러지도 못하고/이제껏 아귀다툼으로 달려오던/부끄러운 길에서 //불러보아도 돌아보아도/주저앉아 한걸음도 나아갈 수 없어/가도 가도/풀 한 포기 나무 한 그루 보이지 않는/끝없는 사막 길 잃은 캐러밴같이 //지친 영혼 나도 모르게/무릎 꿇고 목청 돋우어/민망한 걸음/조용히 가슴에 손 모으고/하늘에 길을 물으면 //바쁜 세상 귀찮은 듯/한 번도 귀담아 듣지 않고/애써 외면하고 살아온/어디선가/낯설지 않은 부드러운 음성 //막히면 돌아가지 말고/길이요 진리요 생명 되신 /길 위의 길을 찾으라 －「길 위의 길」 전문

이 시는 5연으로 이루어진 시로서 이러지도 못하고 저러지도 못하는, 길이 꽉 막힌 처지에 이르면 무릎 꿇고 기도하면서 애써 귀 기울여 경청하면 우회하지 말고 직로를 가라는 소리가 들린다는 인식을 형상화한 시다. 제1연에서는 화자 자신이 처한 자리가 하도 기가 막혀 이러지도 저러지도 못한 채 이제껏 자기의 욕심을 채우고자 헐뜯고 기를

쓰며 다투며 달려왔지만, 그 삶이 너무 부끄럽다고 한다.

제2연에서는 누군가의 도움을 받으려고 불러보아도 대답하는 이 하나 없고 돌아보아도 개미 한 마리 없는 절대적 부재의식 때문에 하염없이 주저앉아 한걸음도 기가 막혀 나아갈 수 없다고 한다. 부재감과 상실감에 싸여 가도 가도 풀 한 포기, 나무 한 그루 보이지 않는 끝없는 사막, 길 잃은 캐러밴 같다는 소외의식과 상실의식으로 괴로워하는 모습을 역력하게 묘사해주고 있다. 여기서 화자는 불순종으로 죄를 짓고 낙원에서 쫓겨나 끝없는 사막과도 같은 세상을 두루 떠돌아다니는 나그네 인생을 그려보는 신학적인 관조를 갖게 된다.

제3연에서는 지친 영혼으로서의 화자는 자기도 모르게 무릎 꿇고 목청 돋우어 민망한 걸음 조용히 가슴에 손 모으고 하늘에 길을 묻는다고 묘사한다. 이는 회개하는 모습을 보여주는 신학적인 관조로서, 숭엄한 기독교적인 세계관의 한 축을 보여주고 있다. 죄인의 살 길은 회개하고 아버지 집으로 돌아오는 것이다. 참으로 회개하고 돌아오면, 바쁜 세상 귀찮은 듯 한 번도 귀담아 듣지 않고 애써 외면하고 살아온 시인에게 어디선가 낯설지 않은 부드러운 음성으로 아버지 하나님께서는 "막히면 돌아가지 말고/길이요 진리요 생명 되신/길 위의 길을 찾으라" 하신다고 한다(제4~5연). 여기서도 늘 반복되던 일상사 속에서 신학적인 관조를 통해 회개하고 돌아오는 것만이 살 길이라는 귀중한 길을 제시해주고 있다. 「알고 보면 순전히」라는 시를 한 편 더 보자.

> 힘든 세상/갖춘 것도/가진 것도 없으면서/아침부터 저물도록/아무리/애쓰고 힘써 땀 흘린 하루 //사람들은/우리가/뉘 덕인 줄/알고나 살라지만 //그래도/우리가/이만치 누리고 사는 것은 //알고 보면/이른 새벽 아무도 몰래/너를 위해 간절히 손 모으는 /사랑하는 네 어머니/순전히 기도 빨 //어딜 가나/무엇을 하다가도/너를 위해 간절히 손 모으는 /사랑하는 네 어머니/순전히 기도 빨 알고나 살라마 –「알고 보면 순전히」전문

이 시는 5연으로 이루어진, 어렵고 힘든 세상을 그래도 우리가 이만치 누리고 사는 것은 알고 보면 어머니의 기도 덕분이라는 사실을 형상화한 시다. 제1연에서는 시인 자신의 삶의 자리를 갖춘 것도 없고 가진 것도 없이, 아침부터 저녁까지 아무리 애쓰고 힘써 땀 흘려 일을 해도 살기 힘들다고 육화하고 있다. 제2~4연은 사람들이 말해주는 형식으로 서술이 진행된다. 우리가 이만치 누리고 사는 것은 알고 보면 이른 새벽 아무도 몰래 너를 위해 간절히 손 모으는 사랑하는 네 어머니 순전히 기도 빨 때문이라는 것이다. 이렇게 기도의 힘을 강조하고 나서, 제5연에서 어딜 가나 무엇을 하다가도 너를 위해 간절히 손 모으는 사랑하는 네 어머니 순전히 기도 탓이라는 것이나 알고 살아가라고 충고하는 것으로 끝 맺혀진다.

여기서도 이만치 사는 것이 어머니의 덕이라는 당연지

사를 기술한 것이지만, 시인은 그것에 그치지 않고 아무도 몰래 화자를 위해서 어디서나 손 모으고 간절히 기도하는 어머니의 모습을 통해 하나님의 도우시는 손길을 보게 되는 것이다. 결국 어머니의 덕이기는 한데 그것이 하나님께 보이지 않게 무시로 어디서나 손 모으고 드리는 기도 덕분이라는 것을 알면 어머니의 일상적인 기도 속에서 움직이시는 초월적인 능력을 감지할 수가 있을 것이다. 죄 많은 세상 어렵고 힘든 세상을 이겨낼 수 있는 힘은 기도라는 걸 보여주는 기독교적인 세계관의 정수를 개진해주고 있다. 위에서 이미 분석하며 해설한 세 편을 세찰해 보면 문진환 목사 시인은 일상을 초월로 연결하는 신학적인 관조가 돋보이는 구사력을 가지고 있다는 것을 알 수가 있다.

서정 속에 풍기는 서사의 향기: 녹명鹿鳴의 시학

세계가 온통 자크 라캉(Jacques Lacan)이 말한 '불가해한'(illisible) 것으로 가득 차 있을 때, 인간은 그것을 이야기(story)라는 구조로써 풀어냈다. 그것이 신화다. 신화는 무의미한 것을 의미로 전환시키고, 불가지한 것을 가지可知한 것으로 대상을 변형시키는 것이라 할 수 있다. 신화의 그리스어 어원은 '미토스'(mythos)이고, 그 의미는 그냥 '스토리'이다. 또한 서사의 그리스어 '에포스'(epos)는 먼저 '낱말'(word)을 의미했고, 그 다음에는 '이야기하기'(narration)

를 의미했다. 북구민족의 서사시를 '사가'(saga)라 하는데, 그 어원도 역시 '이야기된 것'(something said)을 뜻한다. 신화와 서사시, 그리고 사가의 공통점은 '이야기하기'이다. 그러니까 '스토리'는 인간이 세계를 인식하고 설명하는 가장 오랜 보편적 소통의 수단이라 할 수 있다.

내러티브 패러다임(narrative paradigm)의 이론가로 유명한 월터 피셔(Walter Fisher)는 내러티브야말로 인류의 가장 오래된 '소통'의 수단이며 화자와 청자 사이에 '스토리' 형식으로 일어난다고 한다.[1] '내러티브'란 스토리를 핵심적 요소로 가지고 있는 언어적 표현인데, 그 스토리의 특성은 일관성과 핍진성(逼眞性, verisimilitude)이라 할 수 있다. 나는 문진환 시인의 시를 읽으면서 서정 속에 담긴 서사적인 목소리, 달리 표현하면 '숨겨진 시적인 내러티브'라는 서사의 향기가 풍겨지고 있다고 느꼈다. 물론 '서사'와 '이야기하기'를 동일시할 수는 없다. 그러나 '서사'란 전통적인 유산이나 풍속을 문장으로 만들어 표현할 때 그 언어를 장식하거나 과장하지 않고 단지 알고 있는 그대로, 본 그대로 사물을 실서實敍하는 것을 말하니까,[2] '이야기하기'의 생명도 일관성과 핍진성이라는 점에서 서사와 스토리는 유사하다 할 수 있다. 이런 전제 아래서 서사와 스토리가 불가

---

1) https://blog.naver.com/PostView.nhn?isHttpsRedirect=true&blogId=km2nwest&logNo=222551066045.
2) 마사오카시키, "서사문고(敍事文考)," 주근옥 역『조선문학』2021년 10월호, 65–66.

분의 관계라는 것을 강조하면서 문진환 시인의 시 몇 편을 골라 해설하려 한다. 「드라빔을 버리라」라는 시를 보자.

> 아무도 몰래
> 안장 밑에
> 드라빔을 숨겨
> 아비를 속이던 라헬처럼
>
> 너
> 아직도
> 또 다른
> 무언가를 숨겨
> 믿음을 대신하려 하는구나
>
> 재물이냐?
> 명예냐?
> 권세냐?
> 사랑이냐
> 너의 믿음이 어디 있느냐?
>
> 어찌하여
> 그것으로
> 믿음을 대신하려 하느냐
>
> 아무도 몰래
> 감추어 깔고 앉은
> 믿음을 떠난 또 다른 믿음

또 다른 우상 드라빔을 버리라
　　　　　　　　－「드라빔을 버리라」전문

  이 시는 5연으로 이루어진 여호와 신앙 이외의 다른 믿음을 갖는 것이 죽을 죄임을 경고하는 형상화다. 제1연을 보면 아무도 모르게 훔친 그 집안의 수호신상인 '드라빔'을 안장 밑에 숨겨 아비 라반을 속인 라헬의 이야기가 '인유'(allusion)되어 있다. 드라빔이란 히브리인들이 점칠 때 사용한 집안의 수호신상이다. 창세기 31장 19절에 보면 "그 때에 라반이 양털을 깎으러 갔으므로 라헬은 그의 아버지의 드라빔을 도둑질하고"라고 기록되어 있다. 이를 인유한 것이다. 성경이나 신화 또는 역사와 고사 같은 데서 이야기를 끌어다 비유하는 것을 인유라 한다. 그래서 성경에서 끌어와 비유한 것을 성서적 인유(biblical allusion)라고 하는 것이다. 라반이 양털을 깎으러 나가 집에 없으므로 라헬이 가신인 아버지의 드라빔을 훔쳐서 말안장 밑에 감추고 나중에 '드라빔'이 없어진 것을 알고 두루 찾을 때 말안장 아래 깔고 앉은 라헬이 생리 중이어서 일어나 맞지 못함을 이해해달라고 아버지를 속이기까지 한다. 그런데 라헬은 왜 이 드라빔을 훔쳤을까 하는 것이 성경학자들이 궁금하게 생각하는 바이다. 야곱과 달리 우상을 섬기겠다는 속셈에서 그랬던 것인가? 후일 고고학자들의 발굴로 인해서 그 이유가 입증되었는데, 장로회신학대학교에서 구약을 가르쳤던 문희석 박사가 편집한 『오늘의 오경연구』라는 저서를 보면, 고대도시 누지에서 발굴된 토판문서에는 가정수호신상인 드라빔을 소유한 사람은, 그가 아들이든, 딸이든 사위든 양자든 상관없이 그 가문의 상속자로서 권리를 갖게 된다고 기록되어 있다고 한다. 그러니까 라헬이 훔친 드라빔은 나중에 아버지가 돌아가시면 아버지의 상속자가 되어 아버지의 모든 재산을 가질 권리가 주어지게 되는 것이다. 그래서 라헬은 드라빔을 훔쳤고, 드라빔이 없어진 것을 알고 분노하여 뒤쫓아 왔던 외삼촌 라반에게 야곱은 드라빔을 훔친 자는 누구든지 죽여도 좋다고까지 말을 했던 것이다. 이렇게 서정시 속에 성서적인 이유를 삽입하니 서사적인 향기가 물씬 풍긴다. 이런 시적인 장치는 그저 장치로서 끝나는 것이 아니라 우리의 상상력의 폭을 더욱 넓혀주게 되고 많은 생각할 거리를 제공해주며 내용도 풍부하게 해서 단순한 서정시의 품격을 고양시켜준다. 기독문학을 하는 사람들이 누릴 수 있는 특권 중의 특권이 바로 성서적인 인유를 많이 활용하는 것이다.

  제2연에서는 '넌 아직도 또 다른 무언가를 숨겨 믿음을 대신하려 하는구나'라고 거짓말까지 하는 라헬에게 아버지가 말하는 것처럼 화자인 시인도 독자들에게 말하고 있다. 이 설화자를 확대하면 곧 하늘에 계시는 우리 아버지 하나님이 된다. 그 하나님께서 나 이외에 다른 신을 섬기지 말라 하시는 것처럼 여기서도 네가 믿음을 대신하려고 하는 그것이 '재물이냐? 명예냐? 권세냐? 사랑이냐?'고 따져 물으시며 다가와 '너의 믿음이 어디 있느냐?'고 촉구하신다 (제3연). 더욱 제4연으로 가서는 '어찌하여 그것으로 믿음을 대신하려 하느냐'고 질책하신다. 더 나아가 제5연으로 가서는 드라빔 자체도 우상이지만 아무도 몰래 감추어 깔고 앉은 그 '믿음'이 또한 다른 우상인 드라빔이니 버리라고 한다. 아버지 또는 하나님으로 객관화된 그 깊은 내면의 소리가 화자 또는 독자에게 새로운 눈을 뜨게 하고 이로써 그 화자 또는 독자는 새로운 조명 또는 계시를 받게 되는 것이다. 즉 화자 또는 독자는 우상은 물질적인 대상만이 아니라 그가 가장 하나님보다 더 소중하게 여기고 순종해서 섬기는 것이 죄라는 것이다. 아담과 하와가 그랬던 것처럼 그로 인해서 죽음을 면치 못하게 된다는 것을 깨닫게 된다. 「건망증을 잊으라」는 시를 한 편 더 보자.

> 빙글빙글/공중높이 먹이를 노릴 때에는/세상에서 젤로/매서운 뱀잡이수리가 //땅으로 내려와/먹이를 잡아먹다가/더 무서운 맹수가 쫓아오면 //당황한 나머지/하늘을 날 수 있다는/쉬운 방법 어느새 까맣게 다 잊고 //뒤뚱뒤뚱/겁먹은 두발로/불쌍하게 뛰어서 도망가다 //결국/맹수에 잡혀 먹힌다는/어리석은/뱀 수리의 건망증같이 //믿음으로 기도할 수 있는/영혼의 날개/자녀의 특권 어디 두고/사랑을 잊고 걸어간 너의 시간은 죄 //다급하면 뒤뚱뒤뚱 도망가는/뱀 수리를 닮은/부끄러운/영혼의 건망증을 잊으라 -「건망증을 잊으라」 전문

이 시는 7연으로 구성된 시로서 뱀을 잡을 때와는 달리 맹수를 만나면 자기가 날 수 있다는 것도 잊고 뒤뚱거리며 도망가다 잡혀 먹히는 뱀잡이수리처럼 신앙인도 영혼

의 날개인 기도가 있다는 걸 잊고 살아가는 영혼과 신앙의 건망증을 잊으라고 권면하는 시다. 이 시도 아주 단순한 시지만 예로부터 전해내려 오는 뱀잡이수리의 전설을 인유함으로써 단순히 기억력의 차원에서 우리 인간을 죽음에서 구해주신 그 놀라운 은총과 그 크신 사랑을 잊어서는 안 된다고 하는 영혼의 건망증을 버리라는 영적인 차원으로까지 승화시키는 것을 볼 수 있다.

'뱀잡이수리'는 아프리카에 서식하는 수리목 뱀잡이수리과의 맹금류로서, 상체의 깃털은 흰색, 다리 부분의 깃털은 검은색이다. 깃털 색 조합이 꼭 서양식 바지를 입은 듯한 데다, 머리에 난 깃털이 서기들이 귀에 꽂은 깃털 펜같이 생겨서 '서기새', 혹은 '서기관조'(Secretary bird)라고 불리기도 한다. 뱀잡이수리는 목도 길지만 다리가 매우 길어서 키가 1.3m 정도나 되고, 긴 다리로 여유롭게 걷거나 껑충껑충 뛰어다닌다. 지상에 잘 어울리는 새지만 비행도 얼마든지 가능한 그런 새다. 얼굴에는 주황색 피부가 노출되어 있으며 속눈썹이 상당히 길어 예쁘다는 인식이 많다. 뱀잡이라는 이름 그대로 뱀들의 최대 천적 중 하나로서, 맹금류답지 않은 긴 다리로 뱀이나 토끼 등 먹잇감을 발견하면 무심하게 발로 걷어차고 밟아 죽인다. 몸높이가 낮은 뱀 입장에서는 그야말로 폭격기와도 같다. 다리의 힘이 상당해서, 먹잇감은 그냥 당할 수밖에 없고, 시야의 높이 차가 워낙 크기 때문에 첫 공격에 무방비일 수밖에 없다. 게다가 다리 부분의 피부는 두껍고 단단해서 물어 뚫기도 힘들다고 한다. 알을 노리는 동물들을 피하기 위해서 높은 나무의 꼭대기에 나뭇가지와 잔디, 잡풀 따위를 이용하여 둥지를 짓고 풀과 나뭇잎으로 덮어 위장한 후 알을 두세 개 낳아 기른다. 어린 새는 매와 솔개의 위협을 받지만 다 자라면 천적이 아예 없다. 간혹 '뱀잡이수리의 한계'라 해서 맹수를 만나면 자신이 날 수 있다는 사실도 잊고 달려서 도망치려다 잡혀 죽는다고 이야기하는데, 그것은 사실이 아니란다. 그 전설이 사실이든 아니든 그게 중요한 게 아니다. 뱀잡이수리의 한계가 자기가 날 수 있는 맹금류임에도 불구하고 먹는 것에 취하여 있다가 맹수가 닥치면 날 수 있다는 사실을 잊고 뒤뚱거리며 도망치다가 맹수의 밥이 되고 만다는 사실이다.

 이 시로 돌아가, 제1연으로부터 제4연까지를 보면, 여기서는 뱀잡이수리의 생태를 자세하게 서사하다가 그것을 비유로 끌어들여 신앙과 영혼에 연결시켜 이렇게 비사한다. '결국/맹수에 잡혀 먹힌다는/어리석은/뱀 수리의 건망증같이'(5연). '믿음으로 기도 할 수 있는/영혼의 날개/자녀의 특권 어디 두고/사랑을 잊고 걸어간 너의 시간이 바로 죄'(제6연)라는 것이다. 믿음의 힘은 뱀잡이수리처럼 높이 나는 비상이라 할 수 있는데, 그 날개가 곧 '기도'라는 것이다. 기도는 지상 위를 기는 우리 영혼을 비상하게 하는 부력이 된다. 믿음은 불가능한 것을 가능하게 하는 양력이요 기적을 일으킬 수 있는 능력(폭발력)이라 할 수 있다. 그런데 왕왕 신앙인들도 날 수 있는 날개를 달아주신 그 사랑을 잊고 멋대로 걸어가며 살아가는데, 그 시간, 그 인생자체가 죄라는 것이다. 마지막 연에서는 시인은 그러다가 다급하면 뒤뚱뒤뚱 도망가는 뱀잡이수리를 닮은 부끄러운 영혼의 건망증을 잊으라고 하는 서사로써 시의 대단원을 끝낸다. 은혜는 잊지 말고 기억하고 감사하며 살아야 하는데, 그걸 잊고 뱀잡이수리처럼 먹을 것에만 집착한 나머지 다급한 상황이 닥쳐와도 눈치조차 채지 못하다가 맹수와 같은 원수 마귀가 코앞에 닥치면 허둥대는 것은 영혼의 수치요 부끄러움 그 자체라는 것이다. 하나님의 형상인 존엄성을 잃은 영혼이 되고 만다는 말이다. 그리고 죄의 종이 되어 질질 끌려다니면서 악마가 시키는 대로 살다가 비극적인 종말을 맞고 만다는 것을 이 인유는 가르쳐 주고 있다. 「사슴의 울음소리」라는 시를 하나 더 보자.

어쩌다
기름진 음식으로
배 불린 날

행여 가난한 이웃
마음 상할라
트림소리 애써 삼키며

남의 집 문간에
작은 사랑하나

살며시

두고 도망쳐 왔다는
갸륵한 너의 이야기는

먹이를 찾아
헤매던 사슴
힘들게 먹이를 찾아놓고

살기 위해
혼자만 먼저
배를 채우지 않고
힘들게 먹이를 찾아놓고

아직도
굶주려 있을 무리를 부른다는
아름다운
사슴의 울음소리 같은

너는
세상의
또 하나
아름다운 사슴의 울음소리
-「사슴의 울음소리」 전문

  이 시는 8연으로 구성된 시로서 '너'라고 하는 대명사로 대유된 강도 만난 사람을 도와준 사마리아인과 같은 천시 당하고 가진 것이 없는 불쌍한 사람의 삶을 배려하고 함께 나누는 공생의 정신을 형상화한 시다. 이 정신을 녹명

鹿鳴 곧 이 시의 제목인 '사슴의 울음소리'를 끌어다 비유해서 서사하고 있다. '녹명'이란 시경詩經에 나오는 고사로서 사슴 무리가 평화롭게 울며 풀을 뜯는 풍경으로써 어진 신하들과 임금이 함께 어울리는 것을 비유한 것이다. 수많은 동물 중에서 사슴만이 먹이를 발견하면 함께 먹자고 동료를 부르기 위해 운다고 한다. 세상에서 가장 아름다운 이 울음소리를 당신은 들어본 적 있는가? 여느 짐승들은 먹이를 발견하면 혼자 먹고 남는 것은 숨기기 급급한데, 사슴은 오히려 울음소리를 높여 함께 나눈다는 것이다. '녹명'에는 홀로 사는 것이 아니라 함께 살고자 하는 마음이 담겨 있다.

제1연에서 제4연까지의 주인공은 '너'(You)다. '너'가 누구인지는 확실하지가 않다. '너'는 시인과 가까운 실제인물일 수도 있고, 시인이 이상형으로 생각하는 크리스천의 전범을 객관화한 것일 수도 있다. 나는 후자로 보며 성경에서의 그런 인물이 강도 만나 사경을 헤매는 사람을 도와주고 가진 것을 나눠준 사마리아인과 같은 비천하지만 따스하고 온정이 있는 사람을 통틀어서 일컫는 비유로 본다. 그것이 시인이 일생동안 목사 시인으로서 추구하는 정신이기도 하다. 아무튼 이 주인공 '너'는 아주 비천하고 가난한 이름도 빛도 없이 사는 사람임이 틀림없다. 그것은 제1연 1행을 이루는 한 단어 '어쩌다'라는 동사를 보면, 너는 기름진 음식을 배불리 먹는 사람이 아닌 것이 분명하다. 만일 늘 기름진 음식을 먹는 사람에게 '어쩌다'라는 말을 썼다면, 그것은 상식을 벗어난 무지의 횡포라고밖에 할 수 없을 것이다. 그런데 어쩌다 기름진 음식으로 배 불린 날이면 행여 가난한 이웃 마음 상할까 싶어 배부르게 잘 먹었다는 감각적인 표시인 트림소리마저 애써 삼킨다고 한다. 트림소리 삼키며 가난한 남의 집 문간을 지나칠 때면 작은 사랑 하나 살며시 두고 도망쳐 왔다고 돌아와서 집안 식구들에게 얘기하는 형식으로 서술된다. 여기서 작은 사랑이란 일종의 측은지심이라 할 수도 있고, 배불리 먹고 남은 음식을 싸가지고 오던 작은 것 하나라도 그 대문간에 놓고 오는 것을 말하는데, 그것이 사슴의 울음소리와 같은 정신이라는 것이다. 서상한 바와 같이 먹이를 찾아 헤매던 사슴이 힘들게 먹이를 찾아놓고 살기 위해 혼자만 먼저 배를 채우지 않고 아직도 굶주려있을 무리를 부르기 위해 운다는 것이다. 이 얼마나 아름다운 울음소리인가? 이 인유를 통해 우리는 가난한 집 문간을 그저 지나치지 않고 작은 사랑 하나라도 놓고 오는 선한 배려가 사슴의 울음소리처럼 아름답다는 것을 체감하게 된다.

  나의 이익을 위해는 너를 잡아먹어야 하고, 내가 성공하기 위해 너를 밟고 올라서야 하는 것이 오늘날의 현실인데, 이런 선한 사람이 있다면, 또 다른 사슴의 울음소리라 아니 할 수 없을 것이다. 어찌 사람이 꽃보다 아름다울 수 있단 말인가?『이기적 유전자』라는 책을 써서 세계적인 스터디셀러 작가로 유명해진 리처드 도킨스는 이렇게 말한다. "남을 먼저 배려하고 보호하면 그 남이 결국 내가 될 수 있다." 서로를 지켜주고 함께 협력하는 것은 내 몸속의 이기적 유전자를 지키는 가장 좋은 방법이라는 것이다. 약육강식으로 이긴 유전자만이 살아남는 것이 아니라 상부상조를 한 '종'이 더 우수한 형태로 살아남는다는 게 도킨스의 주장이다. 결국 이기심보다 이타심, 내가 잘살기 위해 남을 도와야 모두가 잘 살 수 있는 유일한 길이라는 것이다. 이 경우가 사람이 꽃보다 아름다울 수 있는 게 아닌가? 세상에는 이루 셀 수도 없는 소리들로 넘친다. 개도 울고, 닭도 울고, 심지어 하늘과 바람도 운다고 한다. 좋아도 울고, 슬퍼도 울고, 이별에 울고, 감격에 겨워도 운다. 시인 조지훈은 '울음이란 지극한 마음이 터지는 구극의 언어'라고도 했다. 이렇게 많은 울음소리가 세상엔 있지만 가장 아름다운 울음소리는 사슴의 울음소리 곧 녹명이라 할 수 있다.

파란 안경을 끼고 바라다본 푸른 동심의 세계

철학자 칸트는 『순수이성 비판』에서 '푸른 안경'의 비유를 들어 우리가 기억하고 아는 모든 것은 정신이 구성한 현상이라 했다. 우리는 태어날 때부터 '푸른 안경'을 쓰고 있어서, 우리가 보는 '푸르름'은 세계로부터 오질 않고 태어날 때부터 쓰고 나온 그 '푸른 안경'에서부터 온다는 것이다.[3] 환언하면, 우리의 모든 지식과 기억은 그 어떤 것이든 '푸른 안경'으로 쓰고 본 경험을 벗어날 수 없다는 것이다. 좀 더 자세하게 부연하자면, "어느 사람이 날 때부터 벗어버릴 수 없는 푸른 안경을 쓰고 태어났다면, 그는 세계가 푸르다고 생각한다는 것이다."[4] 사실 우리가 우리 자신의 삶과 오롯이 대면하는 순간이 바로 어린 시절이다. 우리가 아무리 어른이 되었다 하더라도 우리의 눈에 세속의 때가 끼지 아니하면 어린 시절의 그 푸른 안경을 끼고 어린 시절과 꼭 같이 사물을 바라다볼 수가 있다고 사료된다. 우리는 이런 눈을 '마음의 눈' 특히 '동심의 눈'이라 한다. '동심의 눈'은 사심 없는 욕심이 씌워지지 않은 '투명한 눈'을 가리킨다. 이 투명한 눈(transparent eye)으로 사물을 살피면 어디나 꽃이 활짝 피어 있고 어디서나 팔베개하면 뭉게구름이 보이고 매미소리가 들릴 뿐 아니라 어린아이가 보는 것처럼 모든 것이 파랗게 보인다. 문진환 시인의 작품 기저를 이루는 것이 나는 이런 '투명한 눈'으로 본 경험과 인상들에 대한 형상화라고 생각한다. 그런 작품들이 많이 있는데 그 중에서 맨 먼저 「봄 시샘」이라는 시를 보자.

---

[3] 이남희, "박종규 수필집 '꽃섬' : 꽃섬은 선인가, 괴물인가." 『하나로 선 사상과 문학』 2020년 여름 42호, 379-380.

[4] http://blog.naver.com/PostView.nhn?blogId=nike1976&logNo=221013331968.

언 땅 녹아
골짜기 물 흐르는 소리
봄볕에 핏기가 돌면
겨우내 걸친 겉옷 벗어 던지고

엉덩이 붙이고
잠시도 가만히 있질 못하는 봄 병
발이 자꾸만 밖으로 나서는 걸
누가 말려

며칠 아니면 금시
천지가 온통
꽃밭이 될 터 인데

얼어붙은 마음 기다리다 못해
시샘이 나서
잎도 피기 전에
하얀 꽃을 먼저 피고

풀 섶 양지
노란 복수초 향기에 졸고 있는
길고양이 한 마리

저녁 밥상에
향긋한
냉잇국이 올라왔다

　　　　　　　　　　　－「봄 시샘」전문

이 시는 6연으로 구성된 시로서 봄의 향수를 형상화한 시다. 언 땅이 녹아 골짜기의 물 흐르는 소리가 들리고 봄볕에 산천초목들이 핏기가 도는 것처럼 파릇파릇 생기가 돌면, 화자는 겨우내 걸친 겉옷 벗어 던지고(제1연) 가만히 진중하게 한 자리에 엉덩이 붙이고 잠시도 있질 못하는 봄병이 도진다는 것이다. 나이가 칠팔십이 된 어른이 얼음이 녹고 물이 흐르고 새들이 노래하는 봄이 온다고 해서 안절부절 못하고 발이 자꾸만 밖으로 나갈 사람이 어디 있겠는가? 그것은 어른이 되었어도 동심을 상실하지 않았기 때문이고, 어린 시절에 받은 인상과 느낌을 회상하는 마음으로 어린 아이가 되어 어린 눈으로 상황과 현상을 보기 때문에 가능한 것이다. 며칠 아니면 금시 천지가 온통 꽃밭이 될 터인데(제3연) 얼어붙은 마음 기다리다 못해 시샘이 나서 잎도 피기 전에 하얀 꽃을 먼저 피운다고 한다(제4연). 풀섶 양지를 보면 노란 복수초가 피어 향기를 풍기고 있는데 그 향기에 길고양이 한 마리가 졸고 있다고도 묘사한다(제5연). 복수초 향기에 졸고 있는 길고양이 한 마리를 보고 나른한 봄내음에 젖었다가 집에 들어오니 어머니가 차려 놓은 저녁 밥상엔 향긋한 냉잇국이 올라와 화자를 맞는다고 한다.

 '시이불견視而不見'이라는 말을 들어봤는지 모르겠다. "보기는 보는데 보이지 않는다."는 말이다. '청이불문聽而不聞'이란 말은 "듣기는 듣는데 들리지 않는다."는 말이다. 보고 듣는데 왜 안 보이고 안 들릴까? 마음 특히 동심이 없어서다. 애초 찬찬히 보고 들을 마음이 없이 건성으로 대하면 사물이 명징明澄하게 보이질 않는다. 사물을 보는 것은 눈이지만 그 눈은 오직 우리의 마음 길이 가는 곳에만 신경을 집중할 뿐이다. 그래서 눈이 보는 것이 아니라 우리 마음이 본다고 말할 수가 있다. 문진환 시인은 '마음의 눈'(mind's eye) 곧 어린 아이의 눈(infant's eye)으로 언 땅과 물소리, 봄볕과 풀섶의 복수초와 향긋한 냉이를 통해 어린 시절의 그 인상과 체험들, 그리고 봄을 시샘하듯 어른이 되었어도 봄 병이라 하리 만큼 봄이 오면 안절부절 하고 설레는 마음을, '좋다' '나쁘다'라고 식별하질 않고 있는 그대로 받아들임으로써, 주체와 객체가 분리되질 않고 하나로 통합되는 순수무구의 세계로 본다. 「쇠똥구리의 행복」라는 시를 보자.

거들먹거리는/오만한 세상/못마땅한 일 하 많으니 //흉내라도 내려면/가랑이 찢어지지 //아무리 달려도/따라잡지 못하는/귀여운 분노 //아름드리 버드나무/싱그러운 매미소리랑/아예 귀 틀어막고 //겁먹고 움츠려 있느니/꿈같은 환상/뙤약볕 파란 하늘아래 //물구나무 뒷걸음질/몸뚱이보다 큰 사랑의 빵/지구를 밀고 가는 //새들은 춤추고 노래하고/거꾸로 보니 더 아름다운 세상/나는 행복한 쇠똥구리 －「쇠똥구리의 행복」 전문

이 시는 7연으로 구성된 시로서, 어린 시절 보고 느꼈던 쇠똥구리의 생태와 지구와 같은 큰 사랑의 빵 쇠똥을 물구

나무서서 뒷걸음질치며 밀고 가는 모습을 보았던 그 체험을 통해 거들먹거리는 오만한 세상 못마땅한 일 하 많으니 흉내라도 내려면 가랑이 찢어질 것 같다고 형상화한 시다. 아무리 달려도 따라잡지 못하는 일이어서 화를 내는데 그 자체가 귀엽다는 것이다. 이런 모순어법을 통해 아름드리 버드나무 싱그러운 매미소리랑 아예 귀 틀어막고 겁먹고 움츠려 있느니 꿈같은 환상이지만 뙤약볕 파란 하늘 아래 물구나무 뒷걸음질 치면서 몸뚱이보다 큰 사랑의 빵 지구를 밀고 가는 쇠똥구리처럼 거꾸로 세상을 보니 새들은 춤추고 노래하고 세상은 더 아름답게 보이고 나는 행복하게 느껴진다는 것이다. '나'와 '너' 또는 '주체'와 '객체'가 둘이 아니라 하나라는 '합일의식' 곧 '불이의식'不二意識을 갖게 되는 것이다. 보는 자와 보이는 것이 하나로 합일되는 즉 '주체'와 '객체'를 통합적으로 인식할 때 나타나는 마음의 상태가 곧 천국과 같은 것이다. 문진환 시인은 존재 자체가 시각에 집중되는 '감각 그 자체'인 유아의 에센스, 곧 '직관적 수용력'(intuitive capacity) 그 자체를 갖고 시작을 하는 시인이다. 문진환 시인에게 있어서 '유아의 눈' 또는 '단순한 눈'(simple eye) 그 자체가 참된 기쁨의 보고寶庫이고 눈부신 아름다움의 세계다. 천국은 마음이 가난한 자 곧 순수하게 보는 자에게만 나타나는 것이다. 모든 부패에서 자유로운 단순한 빛, 곧 순수한 유아의 눈만이 황금트로피를 보듯이 '하늘의 보고' 곧 '천국'을 볼 수 있다.

  이렇게 동심으로 모든 사물을 보게 되면, 그것이 '블루

밍 에센스'(blooming essence)가 되어 피부 속에 잠들어 있는 '유리 입자'(cell luminous factor)를 일깨워준다. 이 유리 입자는 마치 사랑할 때처럼 피부를 통해 들어온 자연의 빛보다도 더 찬란한 '감동의 빛'을 넓고 화사하게 비춰 얼굴 전체를 고르게 빛나도록 역할을 한다는 것이다. 그래서 사랑하면 얼굴이 예뻐지고 살갗이 광채가 나듯이, 감동이 강하면 강할수록 전자광처럼 그 빛의 파장을 넓게 피부에 확산시켜 얼굴빛을 환하게 해준단다. 반면 감동이나 사랑 또는 일상적인 미소가 죽으면 피부 건강에 중요한 역할을 하는 각질층 바로 아래인 과립층에 존재하는 유리 입자가 쪼그라들거나 보이지 않게 손상되어 빛을 제대로 반사하지 못해 안색이 어둡고 칙칙해진다는 것이다. 이래서 우주적 불가사의나 영적인 진리나 절대자에 대해 품고 살아가던 신비감이 다 무너지게 되고 만다고 한다. 우리 아이들이 이런 관성에 사로잡히면 감각이 무디어지고 삶의 설렘을 느끼지 못하게 된다.

아름다움을 보고도 가슴이 뛰지 않고 사랑을 하면서도 딴 생각을 하게 되는 것은 너무나 일상적인 관심에만 몰입되어 '찬란한 미감'(blooming sense of beauty)을 상실했기 때문이다. 길섶의 한 작은 들꽃을 보고도 감동하고 가슴이 파동으로 순간순간마다 이어지는 것이 문진환 시인이다. 아침에 눈을 떠서 태양을 바라다보며 탄성을 지를 수 있는 '블루밍 스킨'(찬란한 얼굴)을 갖는 것이 보통 우리들의 소원인데 문진환 시인이 그런 순수한 미감을 갖고 있다. 그래서 스스럼없이 동심을 그의 시 속에서 드러내는 것이다.
「꼼지락 꼼지락」, 「살구나무 골목길」, 「빗물과 눈물」, 「두더지의 봄」, 「사랑의 마중물」, 「착한 머저리 동네」 등 수많은 시들이 이런 눈으로 형상화한 시들이다. 이를 어찌 일일이 열거할 수 있겠는가? 그것은 독자 여러분의 몫으로 남겨 놓는다. ▫

시와함께Aolong with Poetry)시인선 013

문진환 시집

내 사랑 쑥부쟁이

초판 인쇄 | 2022년 5월 10일
초판 발행 | 2022년 5월 13일

지은이 문진환
펴낸이 양소망
펴낸곳 도서출판 넓은마루
주 소 서울특별시 종로구 삼일대로30길 21, 1103호(낙원동, 종로오피스텔)
전 화 02) 747-9897, 010-7513-8838
E-mail withpoem9@hanmail.net
출판등록 제2019-000100호
인쇄·제본 신아출판사

저작권자 ⓒ 2022, 문진환
이 책의 저작권은 저자에게 있습니다. 서면에 의한 저자의 허락 없이 내용의
일부를 인용하거나 발췌하는 것을 금합니다.
COPYRIGHT ⓒ 2022 Mun jinhaon
All right reserved including the rights of reproduction in whole or in
part in any form.
저자와 협의, 인지는 생략합니다.
잘못된 책은 바꿔 드립니다.

ISBN 979-11-90962-11-7 04810
ISBN 979-11-90962-04-9   세트

값 12,000원

Printed in KOREA